Spirituelle Aufbrüche

Spirituelle Aufbrüche

New Age und »Neue Religiosität«
als Herausforderung an Gesellschaft und Kirche

Herausgegeben von
Burkhard Haneke und Karltheodor Huttner

Verlag Friedrich Pustet Regensburg

CIP-Titelaufnahme der Deutschen Bibliothek

Spirituelle Aufbrüche : New Age und »Neue Religiosität« als
Herausforderung an Gesellschaft und Kirche / hrsg. von
Burkhard Haneke und Karltheodor Huttner. – Regensburg :
Pustet, 1991
    ISBN 3-7917-1278-0
NE: Haneke, Burkhard [Hrsg.]

ISBN 3-7917-1278-0
© 1991 by Verlag Friedrich Pustet, Regensburg
Umschlaggestaltung: Peter Loeffler, Regensburg
Umschlagmotiv: presse-bild-poss, Siegsdorf/Obb.
Gesamtherstellung: Friedrich Pustet, Regensburg
Printed in Germany 1991

Inhaltsverzeichnis

Vorwort

Gelegentlich kann man derzeit vernehmen, daß die Blüte des »New Age«-Denkens und die Hochkonjunktur ähnlicher spirituell-esoterischer Modeerscheinungen bereits der Vergangenheit angehören sollen; selbst »Klassiker« dieser »neureligiösen« Programme wie etwa Fritjof Capra versuchen seit einiger Zeit, das eher mystische »New Age«-Denken zugunsten politisch-alternativer Engagements zu verabschieden.

Dem ist jedoch entgegenzuhalten, daß der »Psychomarkt«, der ganz im Banne der Botschaft des zu schaffenden »neuen Menschen« in einem »neuen Zeitalter« steht, nach wie vor expandiert. Die Heilsverheißung des »New Age« bleibt virulent und bietet Anknüpfungspunkte für eine sich immer mehr ausweitende und inzwischen fest etablierte Esoterik-Szene.

Die »neureligiösen« Erfahrungsangebote aus dem therapeutischen, esoterischen und New Age-Bereich sind also weiterhin gefragt; den christlichen Kirchen hingegen wird vorgeworfen, sie würden die emotionale, nichtkognitive, auf religiöse Erfahrung zielende Dimension des Menschen zu wenig berücksichtigen.

Der vorliegende Sammelband versteht sich als Beitrag zur kritischen Auseinandersetzung mit der »Neuen Religiosität« unserer Tage, mit jenen esoterisch-mystischen Suchbewegungen und spirituellen Aufbrüchen, die gewöhnlich unter den Sammelbegriff »New Age« subsumiert werden. Dabei kann das Fundament, von dem aus diese Auseinandersetzung hier geführt wird, durchaus als prononciert christlich angesprochen werden.

Die Herausgeber

Bitte Absender nicht vergessen:
(mögl. in Druckschrift)

(Name)

(Vorname)

(Straße/Hausnr.)

(PLZ/Ort)

(Beruf)

Diese Karte habe ich dem nachstehend auf-
geführten Buch entnommen:

Postkarte – Antwortkarte

VERLAG
FRIEDRICH PUSTET
Postfach 11 04 41

8400 Regensburg 11

Bitte
frankieren
wenn
Briefmarke
zur Hand

Liebe Leserin, lieber Leser,

wir freuen uns, daß Sie einen unserer Buchtitel besitzen und hoffen, daß er Ihnen gefällt. Wenn Sie weitere Bücher von uns kennenlernen wollen oder auch einen Überblick über unser umfangreiches Programm erhalten möchten, dann kreuzen Sie bitte Ihr Interessengebiet an. Wir informieren Sie dann gern kostenlos und unverbindlich.

Religion/Theologie

☐ Wissenschaftliche Theologie

☐ Religiöse Literatur

Kunst/Kultur/Geschichte

☐ Geschichte/Archäologie

☐ Kunst/Kunstgeschichte

☐ Städte/Landschaften/Reisen

Wir danken Ihnen für Ihr Interesse
und verbleiben
mit freundlichen Grüßen
als Ihr

VERLAG
FRIEDRICH PUSTET
REGENSBURG **seit 1826**

b. w.

Burkhard Haneke

Einleitung
»Neue Religiosität« contra »Alter Glaube«?

Die Rede von einer »Neuen Religiosität«, die kennzeichnend sei für die geistig-seelische Verfassung der Wohlstandsgesellschaft am Ende des 2. Jahrtausends, und die in gewisser Weise im »New-Age-Bewußtsein« kulminiert, wirft für denjenigen, der hier mehr zu sehen glaubt als nur kurzatmige Psychomode-Erscheinungen, zwei Fragen auf: zum einen, was eigentlich im Verhältnis zum »alten Glauben« der Christen »neu« ist an der »Neuen Religiosität«, und zum anderen, ob bzw. wie »religiös« die Formen und Inhalte der »Neuen Religiosität«, gemessen an dem, was christlich unter »Religiosität« verstanden wird, letztlich sind. Diesen Fragen seien nun einleitend einige wenige Überlegungen gewidmet. Daran anschließend soll dann ein geraffter Überblick über die einzelnen Beiträge des vorliegenden Bandes erfolgen.

1. Religiosität als anthropologische Konstante

Religiosität ist – in der Sprache der Anthropologie formuliert – eine Konstante des menschlichen Lebens, das heißt, eine Eigenschaft, die dem Menschen als Menschen zuzukommen scheint, die ihm wesenseigentümlich ist. Als »nicht festgestelltes« Tier hat Nietzsche den Menschen gesehen, eine Charakterisierung, die von der modernen Anthropologie (H. Plessner, A. Gehlen) aufgegriffen wurde, um damit vor allem auf des Menschen mangelnde Instinktgesichertheit – im Unterschied zum Tier – hinzuweisen. Doch nicht nur in dem dort gemeinten Sinne alltäglich-sozialer Verhaltensorientierung ist der Mensch »nicht festgestellt«. In seinem Fragen und Suchen transzendiert er die Grenzen der ihm unmittelbar erfahrbaren Wirklichkeit. Er spürt, daß dies nicht alles sein kann, daß sein Fragen, wenn er es denn immer weiter treibt, irgendwann von dieser Wirklichkeit nicht mehr beantwortet wird, ja, nicht mehr beantwortet werden kann. Der Mensch nähert sich so einem Bereich des – streng empirisch betrachtet – »Unwirklichen«, des Erfahrungstranszendenten, das aber andererseits insofern als viel wirklicher als alle erfahrene Wirklichkeit erahnt wird, als sich von dorther vielleicht die Fragen nach dem

»Woher«, dem »Wohin« und dem »Wozu« seiner Existenz beantworten lassen.

Diese Fragen sind zutiefst religiöse Fragen, wenn sie mehr sind als ein philosophisch-akademisches Spiel mit dem Denkmöglichen oder auch Nicht-mehr-Denkbaren. Das »nicht festgestellte« Lebewesen Mensch sucht nach einem Halt, nach einem Fundament, zugleich damit nach einem Umgreifenden und nach dem letzten Ziel. Erst ein mehr oder minder großer Erfolg dieser Suche »stellt ihn fest«, läßt ihn zur Ruhe kommen. Religiosität ist eine Wesenseigentümlichkeit des Menschen, insofern die Unruhe der Suche nach »Fest-stellung« ihn umtreibt, ob er will oder nicht.[1] Natürlich kann diese Unruhe künstlich betäubt werden, oder man kann wohl auch den Menschen systematisch »disponieren«, das Auftreten solcher Unruhe für eine psychotherapeutisch zu behandelnde Erkrankung zu halten. Religiosität ist aber dem Menschen doch so natürlich wie die Sprache: beide »Begabungen« wurzeln in dem, was der Mensch schon vor aller Erziehung (oder sonstiger Beeinflussung) ist; beide »Begabungen« drängen nach Entfaltung, und beide sind essentiell für des Menschen Erwachen zu sich selbst und zur Welt; beide »Begabungen« können aber auch verkümmern oder bereits in ihrer Entfaltung behindert oder gar gehemmt werden.

Wenn Religiosität im skizzierten Sinn eine Art »anthropologische Konstante« ist, so klingt die Wortkombination »Neue Religiosität« fast wie ein Widerspruch in sich; denn die »Neue Religiosität« ist dann immer auch die alte, die neuen religiösen Fragen sind nichts anderes als der immer schon geschehende Ausgriff des Menschen nach »Fest-stellung« in seinem Sein.[2] Dieser religiöse Ausgriff kann aber natürlich in ganz unterschiedlicher Weise erfolgen, anders gesagt: die inhaltliche Ausfüllung des immer vorhandenen religiösen Potentials ist nicht von vornherein festgelegt, und man kann (und muß wohl auch) eine »Qualifizierung« des Religiösen / der Religion nach der Art des jeweiligen »Inhalts« vornehmen (was in den kritischen Beiträgen des vorliegenden Bandes bezüglich der »Neuen Religiosität« auch geschieht).

Die Rede von einer »Neuen Religiosität« oder auch die These einer »Wiederkehr von Religion«[3] mögen nun vielleicht damit zu tun haben, daß – zeitweilig – der anthropinale Charakter von Religiosität verkannt wurde, bzw. daß man – bedingt entweder durch konsumistischen oder durch kommunistischen Materialismus – ein allmähliches Ab- oder Aussterben von Religiosität erwartete. Doch zeigt sich nun – einmal etwas kraß formuliert –, daß das religiöse Fragen letztlich nur zusammen mit dem Menschen auszurotten ist; Religiosität bleibt offenbar virulent, solange es nicht gelingt, den Menschen vollends zu »betäuben«.

Von einem neuen »Durchbruch der Transzendenz«, einem »Aufbruch der Religion« im 20. Jahrhundert wurde gesprochen (Peter Meinhold).[4] Damit scheint nun auch die positivistische These widerlegt, daß Religion/Religiosität und jeglicher metaphysische Ausgriff des Menschen sich im sogenannten »wissenschaftlichen Zeitalter« endgültig überholt haben würden: »Das zeitgenössische Denken setzt die religiöse Wissensform und die Metaphysik wieder in ihre Rechte ein, ja das post-moderne Denken scheint die von Comte und dem Positivismus behauptete Abfolge sogar zu überholen, indem es zum Mythos zurückkehrt.«[5]

Das gewissermaßen »postmoderne« Programm der »Neuen Religiosität« besteht nicht zuletzt darin, die modern – das heißt vor allem durch die neuzeitliche, säkulare Wissenschaft – »entzauberte« Welt wieder zu »verzaubern«. Verlorengegangene Dimensionen einer spirituellen, einer mystisch-religiösen Weltsicht gilt es wiederzugewinnen, behauptet etwa das New-Age-Denken, und verbindet damit eine innerweltliche Heilserwartung, die typisch ist für die allermeisten Formen »Neuer Religiosität«.[6]

2. »Neue Religiosität« und »Alter Glaube«

»Wie immer sich aber die subjektive religiöse Dynamik zwischen den geschichtlich gewachsenen christlichen Großkirchen, anderen Religionen und sonstigen Wirklichkeitsdeutungen mit mehr oder minder großer Transzendenzspannweite verteilen wird – ziemlich wahrscheinlich bleibt die Annahme, daß die religiöse Dynamik in den nächsten Jahrzehnten in den Industriegesellschaften anwachsen wird.«[7] Diese Prognose stellte der Pastoraltheologe Paul M. Zulehner 1980, und er scheint mit seiner Vermutung recht gehabt zu haben. Ein weiteres ist hier jedoch zu ergänzen: Diese »religiöse Dynamik« ging mit einer Privatisierung des Religiösen einher und verband sich geradezu mit einem anti-institutionellen Affekt, der sich natürlich nicht zuletzt gegen die »geschichtlich gewachsenen Großkirchen« richtete. So korrespondiert heute dem unübersehbaren »Auszug aus den Kirchen« der Zulauf zu Selbsterfahrungsgruppen, Meditationszentren, Wünschelruten- und Yogakursen und allerlei anderen »Therapie«-Angeboten zur Heilung des Ich.

Die starken Individualisierungstendenzen, die zur Zeit eigentlich alle gesellschaftlichen Lebensbereiche prägen[8], haben auch vor den Kirchenportalen nicht haltgemacht. Religionssoziologische Untersuchungen stellen eine deutliche Zunahme »individueller Religiositätsstile«[9] fest. In einer Interpretation neuerer Forschungsergebnisse (bezogen auf die Bundesrepublik Deutschland) spricht Karl Gabriel (1990) von »selbstkomponierten Religiositätsmustern« und von einem »›Fleckenteppich‹ eigener Weltdeutungssemantik«.[10] Frei »floatende« Religiosität greife um sich, für die christlich-kirchliche Muster allenfalls eine Art »Hintergrund« darstellten (bei abnehmender Fähigkeit der Kirchen, die »neureligiösen« Phänomene zu integrieren). Die scheinbare Revitalisierung von Religiosität in den 80er Jahren ist also hinsichtlich kirchlich verfaßter Religion zumindest ambivalent. Der Aufbruch des religiösen Geistes zielt offenbar nicht in erster Linie auf das, was im christlichen Sinn wahre Religiosität ausmacht, nämlich »Offenheit auf das Heilige und den göttlichen Gott hin« (Karl Lehmann)[11], nach Thomas von Aquin der »ordo ad Deum« (S. th. II–II 81,1). Während der »alte Glaube« der Christen aus seiner transzendenten Bezogenheit lebt, will die »Neue Religiosität« die menschliche Immanenz (mag diese auch in »kosmische Dimensionen« hinein ausgeweitet werden) gar nicht verlassen.[12] Unter der »freigesetzten« Religiosität – so wiederum Karl Gabriel – »finden sich sowohl lebenspraktisch orientierte magische Religiositäts- bzw. Kultformen, als auch Kristallisationstendenzen esoterisch-ganzheitlicher religiöser Symbolisierung, wie das literarische Großereignis der achtziger Jahre, das ›New Age‹«.[13]

Tatsächlich ist die sogenannte »Neue Religiosität« in hohem Maße individualistisch und entspricht damit – wie gesagt – einem allgemeinen Zeittrend. Zugleich zeigt sich in diesem Grundzug »neureligiöser« Aufbrüche deren Unvereinbarkeit mit dem »alten Glauben« der Christen aufs deutlichste. Die »Neue Religiosität« kreist um das »Ich« des Menschen, sie trägt erkennbar narzißtische Züge und findet vielleicht eben auch deshalb heute solch überaus großen Anklang. Wo das Christentum die Begegnung und Gemeinschaft mit Gott sucht, ist es bei New Age »der Mensch mit seinen bisher ungeahnten, größeren Möglichkeiten, der hier über sich selbst zu staunen beginnt. Es ist nicht Gott, dem er begegnet«; die Botschafter des New Age »laden uns ein zum Entdeckungsabenteuer unserer selbst. Sie verweisen den Menschen an den Menschen, nicht an Gott«.[14]

Ideen einer alles erklärenden Selbsterfahrung (die »Wahrheit des eigenen Herzens«) und einer alles integrierenden Innerlichkeit finden in Zeiten eines Esoterik- und New-Age-Booms auch unter Christen zahlreiche Anhänger. Das zeigt gegenwärtig nicht zuletzt die erstaunliche Konjunktur der theologisierenden Psychologie Eugen Drewermanns, die ganz auf die Subjektivität des Menschen (die »archetypischen Wahrheiten seiner Seele«) fixiert ist. Die tiefenpsychologisch verankerte Idee allreligiöser Harmonisierung, die hier begegnet, steht in der Gefahr, den christlichen

14

Offenbarungsglauben auf eine »Gestalt allgemein menschlicher Religiosität« (Walter Kasper)[15] zu reduzieren. Das »allgemeinmenschliche Bewußtsein« Drewermanns, das den Geist der Versöhnung, des Verzichts und des Seinlassens atmet[16], hat – ohne daß Unterscheidendes geleugnet werden soll – strukturelle Ähnlichkeit mit der heilenden Selbsterfahrung des New-Age-Bewußtseins. In dieser »neureligiösen« Erfahrung aber wird – so Medard Kehl – »das eigene Selbst letztlich nur ins Universale hin ausgeweitet, in eine kosmische Identität mit allem erhoben. Aber gerade so bleibt es doch bei sich selbst, sei es auch bei einem kosmisch gewordenen Selbst. Für uns Christen bedeutet demgegenüber erst das Wegkommen von mir selbst und das Ankommen beim ganz Anderen meiner selbst, bei Gott, die Erlösung, das Heil.«[17]

3. Überblick über die Beiträge dieses Buches

An dieser Stelle seien nun noch einige Sätze zur Absicht der vorliegenden Publikation und zum Inhalt der einzelnen Beiträge angefügt:
Ein erstes und wesentliches Anliegen unseres Sammelbandes ist es, über die schillernde Szenerie, die sich hinter Begriffen wie »New Age«, »Esoterik« und »Neue Religiosität« verbirgt, zu informieren. Dies erscheint dringend erforderlich, da sich im Zuge der »kommerziellen Ausnutzung« der neureligiösen »Bedürfnisse« in unserer Gesellschaft regelrechte spirituelle Supermärkte etablieren konnten, die den unbefangenen und nicht näher informierten Betrachter zwangsläufig verwirren müssen. Im Gefolge des New-Age-Denkens gibt es inzwischen eine nahezu unüberschaubare Esoterik- und Okkultismus-Szene, in der immer wieder und vor allem ein Bedürfnis artikuliert wird: das nach Emotion.[18]
Dem Zweck, grundlegende Information und Orientierung in diesem unübersichtlichen Gelände zu bieten, dienen insbesondere die Beiträge von *P. Josef Sudbrack, Christoph Bochinger, Reinhart Hummel* und *Gottfried Küenzlen.* Dabei stehen nicht jene zumeist straff organisierten »neuen religiösen Bewegungen« im Vordergrund, die als »Jugendsekten, bzw. Jugendreligionen« bekannt geworden sind, und die in den 70er und in der ersten Hälfte der 80er Jahre die religionssoziologischen und kirchlich-pastoralen Diskussionen beherrschten. Vielmehr geht es vor allem um die eher »vagabundierende« oder auch »freischwebende Religiosität« unserer Tage, die vor allem unter der Bezeichnung »New-Age-Bewegung« oder auch »neue Esoterik« diskutiert wird, und die inzwischen von der Angebotsseite her auf einen regelrechten »Psychomarkt« trifft.[19]

Wobei selbstverständlich einzuräumen ist, daß es zwischen diesem eher locker gefügten Psychomarkt und den harten Sekten eine Art Grauzone und natürlich auch Berührungspunkte gibt.

J. Sudbrack, R. Hummel, G. Küenzlen und *Chr. Bochinger* benennen die wichtigsten Phänomene und Theorien von »New Age« und »Neuer Religiosität«, wobei nicht zuletzt die historischen Wurzeln und die gesellschaftlichen Hintergründe dieser spirituellen Aufbruchsbewegungen berücksichtigt werden. Doch enthalten auch ihre Beiträge bereits eine Fülle kritischer Gesichtspunkte, die in den weiteren Artikeln unter jeweils spezieller Fragestellung ergänzt und vertieft werden.

Überhaupt – und damit ist das zweite Anliegen der Publikation genannt – wollen die hier versammelten Autoren den Leser zur kritischen Auseinandersetzung mit der sogenannten »Neuen Religiosität« und insbesondere mit dem »New-Age-Denken« einladen. Die Sichtung und Bewertung der neureligiösen Phänomene geschieht dabei durchweg aus prononciert christlicher Perspektive. Daß es unter dieser Voraussetzung kaum beim wohlmeinenden Dialog mit »New Age« bleiben kann – es wird ja immer wieder auf die angeblichen Defizite des Christentums, das von der »Neuen Religiosität« »lernen« könnte, hingewiesen –, zeigen etwa die Beiträge von *Horst Bürkle* und *Nikolaus Lobkowicz*, die deutlich die Gefahren des »neureligiösen« Denkens für die christlichen Kirchen herausstellen. Dabei weist aber insbesondere der Beitrag von N. Lobkowicz auch auf – die »Neue Religiosität« möglicherweise begünstigende – »Fehlstellen« in der christlichen Glaubensverkündigung und -praxis hin.

Die Unvereinbarkeit von »New Age« und Christentum wird gleichfalls im ausführlichen Literaturbericht von *Gerda Riedl* sichtbar, in dem nicht zuletzt solche Versuche kritisch untersucht werden, die das »New Age« und andere Spielarten der »Neuen Religiosität« für Christen »schmackhaft« machen wollen.

»New Age« ist zweifellos ein Sammelbegriff, unter den allerlei »neureligiöse« Phänomene subsumiert werden; der gelegentlich an völlige Konfusion grenzende Eklektizismus und Synkretismus in der Zusammenstellung mystischer, esoterischer und psychagogischer Praktiken ist unübersehbar. *Friedrich-Wilhelm Haack* setzt sich mit dem schillernden Begriffsgebrauch von »New Age« auseinander: »New Age« sei inzwischen ein »Agitationsbegriff« geworden, dessen Bedeutung sich dem Interesse des jeweiligen Benutzers anpasse. Haack weist auch darauf hin, daß durchaus autoritäre »religiöse« Gruppen (»harte Sekten«) sich gern mit »New-Age«-Symbolik schmücken.

Der Beitrag von *Rupert Hofmann* und auch der schon erwähnte von *Gott-*

fried Küenzlen haben die gesellschaftlich-politischen Hintergründe und utopischen Implikationen des »neureligiösen« Bewußtseins zum Thema. Das »New Age«-Denken zeigt sich hier als optimistische Machbarkeitsideologie. Nur scheinbar wird dabei mit dem neuzeitlichen Fortschrittsdenken und moderner Wissenschaftsgläubigkeit gebrochen. Das »New Age«-Denken nimmt zwar seinen Ausgang beim »Unbehagen an der Moderne« und verbreiteter Zukunftsunsicherheit, mündet jedoch in das Bewußtsein seiner Anhänger, auf der Seite des (wirklichen) wissenschaftlich und geschichtsphilosophisch gedeuteten Fortschritts zu stehen.

Um schließlich noch auf den letzten Beitrag der Publikation hinzuweisen:

Gelegentlich wurde bemerkt[20], daß christlicherseits wohl am ehesten die sogenannten »neuen geistlichen resp. religiösen Bewegungen« in der Kirche auf die Herausforderung durch »New Age« und »Neue Esoterik« reagieren könnten. Zweifellos liegt hier ein Potential zur Erneuerung der christlichen Kirchen, gerade im Bemühen auch um die Erfahrungsdimension des Glaubens und um die Verbindung von christlicher Spiritualität und alltäglicher Praxis. So schließt der vorliegende Band mit einem Beitrag von Bischof *Paul Josef Cordes*, der über Erfahrungen aus dem Umkreis der »neuen geistlichen Bewegungen« in der Kirche berichtet, Erfahrungen, die deutlich machen, daß die »spirituellen Aufbrüche« unserer Tage glücklicherweise keine ausschließliche Domäne der »New Age«-Weltanschauung sind.

Anmerkungen

1 Diese Unruhe des Herzens meint wohl auch das bekannte Wort des *hl. Augustinus:* »... inquietum est cor nostrum, donec requiescat in te« (Confessiones I, 1(1)).

2 *Karl Lehmann* bemerkte bereits 1978 in vergleichbarem Zusammenhang: »Diese Zeugnisse für das Wiedererwachen einer Neuen Religiosität sind zunächst ein Beweis für die uralte Überzeugung, daß der Mensch die letzte Erfüllung seines Lebens nicht im Bereich des Geschaffenen und empirisch Erfahrbaren findet. In diesem Aufbruch bekunden sich die unstillbare Sehnsucht und die letzte Erfüllung der Unruhe des menschlichen Herzens in einer Wirklichkeit, die der Macht des Menschen entzogen ist.« Vgl. *K. Lehmann*, Theologische Reflexionen zum Phänomen »außerkirchlicher Religiosität«, in: *L. Bertsch / F. Schlösser* (Hrsg.), Kirchliche und nichtkirchliche Religiosität, Freiburg 1978 (Quaestiones Disputatae 81), S. 54.

3 Vgl. hierzu: *W. Oelmüller* (Hrsg.), Wiederkehr von Religion? (Kolloquium »Religion und Philosophie« Bd. 1), Paderborn u. a. 1984.

4 *P. Meinhold*, Der Aufbruch der Religion im 20. Jahrhundert, in: *R. Kurzrock* (Hrsg.), Christliche Religiosität im 20. Jahrhundert, Berlin 1980, S. 9 ff.

5 *P. Koslowski*, Religion, Philosophie und die Formen des Wissens in der Gesellschaft, in: *ders.* (Hrsg.), Die religiöse Dimension der Gesellschaft, Tübingen 1985, S. 2.

6 Vgl. *H. Sebald*, New-Age-Spiritualität, in: Kursbuch 93 (1988), S. 108. Vgl. weiterhin: *B. Haneke*, Mystischer Aufbruch ins neue Zeitalter, in: Scheidewege Jg. 19, 1989/90, S. 123–146.

7 *P. M. Zulehner*, Die Entwicklung von Religion in der industriellen Gesellschaft am Ende des 20. Jahrhunderts – Eine Prognose, in: *R. Kurzrock* (Hrsg.), a.a.O. (Anm. 4), S. 139.

8 *Ulrich Beck* spricht bezüglich der sich beschleunigenden Individualisierungsprozesse unserer Gesellschaft sogar von »Individualisierungsspirale«, vgl. *U. Beck*, Risikogesellschaft. Auf dem Weg in eine andere Moderne, Frankfurt 1986, S. 184.

9 *K. Gabriel*, Von der »vordergründigen« zur »hintergründigen« Religiosität: Zur Entwicklung von Religion und Kirche in der Geschichte der Bundesrepublik, in: *R. Hettlage* (Hrsg.), Die Bundesrepublik. Eine historische Bilanz, München 1990, S. 272.

10 Ebd., S. 272.

11 Vgl. a.a.O. (Anm. 2), S. 59

12 Zumindest ist mit *Karl Lehmann* auf die latente Gefahr hinzuweisen, »daß die neuerwachte Religiosität auf sehr unzureichenden Stufen menschlicher Transzendenzsuche stehenbleibt und sich auf nicht tragfähige Antworten aus dem Endlichen beschränkt und sogar fixiert«, vgl. ebd.

13 Vgl. a.a.O. (Anm. 9), S. 273.

14 *H. Bürkle*, Zur Unterscheidung der Geister, in: *ders.* (Hrsg.), New Age – Kritische Anfragen an eine verlockende Bewegung, Düsseldorf 1988, S. 108.

15 *W. Kasper*, Tiefenpsychologische Umdeutung des Christentums?, in: *A. Görres/ W. Kasper* (Hrsg.), Tiefenpsychologische Deutung des Glaubens? Anfragen an Eugen Drewermann, Freiburg u. a. 1988, S. 19; vgl. zum psychoanalytischen Ansatz Drewermanns auch die Kritik von P. Josef Sudbrack in: Geist und Leben, Heft 3/1990, S. 182 ff. (»Die Kleriker – Nachtrag zum Gespräch mit E. Drewermann«).

16 Vgl. *E. Drewermann*, Der Krieg und das Christentum, Regensburg 1982.

17 *M. Kehl*, Die Heilsverheißung des New Age. Eine theologische Auseinandersetzung, in: Geist und Leben, H. 1/1989, S. 17. Nach *Josef Sudbrack* ist gerade die »Auflösung der religiösen Ich-Du-Spannung zur übergreifenden Einheit ... ein gemeinsamer Zug der ›Neuen Religiosität‹«, vgl. *J. Sudbrack*, Neue Religiosität. Herausforderung für die Christen, Mainz 1987, S. 134.

18 Vgl. *A. Feder*, Wir brauchen Mut und Phantasie. Die Kirche muß der Herausforderung durch die Esoterik offensiver begegnen, in: Rheinischer Merkur/Christ und Welt, Nr. 37 vom 14. 9. 90, S. 25.

19 Vgl. *A. Godenzi*, Strukturen des Psychomarktes, in: Lebendige Seelsorge 39 (1988), S. 360–371; sowie: *H. J. Höhn*, City-Religion – Soziologische Glossen zur »Neuen« Religiosität, in: Orientierung 9/1989, S. 102–105. Vgl. weiterhin meinen Überblicksartikel »New-Age-Bewegung, Moderne Psychokulte, Neue Esoterik« in: Forum Katholische Theologie 6(1990), S. 179–191.

20 Vgl. hierzu u. a.: *U. Ruh*, Wandel der kirchlichen Frömmigkeit, in: *G. Baadte/A. Rauscher* (Hrsg.), Neue Religiosität und säkulare Kultur, Graz u. a. 1988, S. 63–80.

Josef Sudbrack

New Age und Neue Religiosität

Esoterisch-mystischer Zukunftsglaube und christliche Hoffnung
im Widerstreit

Wir leben in einer gespaltenen Zeit. Einerseits wird die Kritik an der
westlichen Fortschrittsideologie immer lauter, andererseits schreitet der
Siegeszug von rationaler Forschung und technischer Entwicklung unaufhaltsam und – man muß sagen (und befürchten) – mit Beschleunigung
fort; die Kritik berührt dies nur am Rande. Der Mammut-Kongreß »Geist
und Natur« – 1988 in Hannover – wollte eine Gegenbewegung markieren,
eine »Wende« auch im Gefolge der »Politik der Wende«. Er stand, wie die
Presse zu Recht zeigte, im Zeichen von New Age. Dokumentiert aber hat
er das Gegenteil einer »Wende«, nämlich wie hohl und dialogfeindlich
dasjenige tönt, was unter dem Banner einer kritischen Neubesinnung der
Welt-Kultur versammelt war. Daß ein so humaner Philosoph wie Sir Karl
R. Popper ausgebuht wurde, spricht gegen die Seriosität des Kongres-
ses.
Christof Schorsch zeigt, wie zwar schwierig, aber auch wie notwendig es
ist, sich mit diesem Phänomen zu befassen. Er selbst stand den Bemühungen von »New Age« mit Sympathie gegenüber, wie seine früheren Arbeiten bezeugen, fand aber, wie er schreibt, zu einer »kritischen Neubewer-
tung«.[1]
Unterschiedliche Prognosen hängen von dem Verständnis des mit New
Age Benannten ab. Der Name mag vergehen. Doch das dahinterstehende
Phänomen bleibt und wird aller Voraussicht nach die moderne Gesellschaft künftig begleiten: Menschen suchen eine bessere Welt über die
Wissenschafts- und Fortschrittsideologie hinaus. Damit aber suchen sie
von selbst schon nach Religiosität, nach Verankerung in etwas Größerem,
im Absoluten, finden dies aber aus vielen Gründen nicht mehr in den
klassischen Religionen des Abendlandes. Und so sucht man eine Religiosität, die nicht vorbelastet, weniger verbindlich (durch einen sprechenden,
befehlenden Gott) ist als die des christlichen Gottes, eine Religiosität, die
dem subjektiven Bedürfnis Genüge tut, ohne von den objektiven Bürden
belastet zu sein, die mit einem transzendenten Gott verbunden zu sein
scheinen. Wir bleiben beim Namen »New Age«, meinen aber diese Suche
nach »Verankerung im Absoluten« in unserer Zeit.

1. Eine neue Religiosität?

Schon im Aquarius-Song des Hippie-Musicals »Hair« von 1967 hat sich die religiöse Sehnsucht angekündigt: »Harmonie und Recht und Klarheit! / Sympathie und Licht und Wahrheit / Niemand wird die Freiheit knebeln, / niemand mehr den Geist umnebeln. / Mystik wird uns Einsicht schenken, / und der Mensch lernt wieder denken / dank dem Wassermann, dem Wassermann.« Alle prominenten New Age-Autoren (oder »transpersonalen Psychologen« oder unter welchem Namen sie auch firmieren) sprechen von Mystik; gemeint ist damit die Erfahrung dieses Absoluten. So bemerkt z. B. Fritjof Capra: »Wie die Mystiker hatten es die Physiker jetzt mit einer nicht an die Sinneswahrnehmungen gebundenen Erfahrung der Wirklichkeit zu tun, und wie die Mystiker waren sie jetzt mit den paradoxen Aspekten dieser Erfahrung konfrontiert.«[2] Er schildert sein Erlebnis von 1969, das ihm auch erfahrungsmäßig zeigte, wie sehr Mystik und atomphysikalisches Weltbild konvergieren: »Ich ›sah‹ förmlich, wie aus dem Weltenraum Energie in Kaskaden herabkam und ihre Teilchen rhythmisch erzeugt und zerstört wurden. Ich ›sah‹ die Atome der Elemente und die meines Körpers als Teil dieses kosmischen Energie-Tanzes; ich fühlte seinen Rhythmus und ›hörte‹ seinen Klang, und in diesem Augenblick wußte ich, daß dies der Tanz Shivas war, des Gottes der Tänzer, den die Hindus verehren.«[3]

Das vergangene cartesianische Denken, das analysierend die Wirklichkeit in Einzelteile zerlegte, diese in immer differenzierterem Spezialistentum untersuchte und daraus die Synthese zu schaffen versuchte, habe abgewirtschaftet; jetzt sei ein neuer, organischer, ganzheitlicher Zugang zur Wirklichkeit gefordert, der mich und die Realität vereint – so, wie es die Mystiker intuitiv immer schon realisierten (Capra meint die hinduistische Vedanta-Mystik). Seine Kollegen mit kaum einer Ausnahme haben allerdings nichts für diese Spekulationen übrig. Hans-Peter Dürr meint: Die Naturwissenschaft wisse immer mehr von einem stets geringeren Ausschnitt der Wirklichkeit und beschreibe ihn überdies aus einer anthropologischen Projektion heraus.

Capras Freund, der Psychiater Stanislav Grof, sucht den Zugang zu dieser »mystischen« Einheit über das eigene Bewußtsein; er möchte zeigen, daß sich die archetypische Welt Carl Gustav Jungs in der Meditation zur »transpersonalen Psychologie« erweitere, also zu einer Erfahrung, in der alle Menschen, alle Träume, alle Religionen, alle Mythologien, Sagen und Märchen eins sind; eine Erfahrung, die sich beim Geburtsvorgang (perinatal) im Menschen festige. So kann er in »Das Abenteuer der Selbstentdekkung« schreiben: »Die etablierten Religionen vertreten in der Regel eine Vorstellung von Gott, wonach das Göttliche eine Kraft ist, die sich außerhalb des Menschen befindet und zu der man nur durch die Vermittlung der Kirche und der Priesterschaft Zugang gewinnen kann. Ein bevorzugter Ort für einen solchen Vorgang ist das Gotteshaus. Im Gegensatz dazu erkennt die Spiritualität, die sich im Prozeß einer tiefgehenden Selbsterforschung offenbart, Gott als das Göttliche im Menschen. Mit Hilfe verschiedener Techniken, die den unmittelbaren erlebnishaften Zugang zu transpersonalen Wirklichkeiten vermitteln, entdeckt man seine eigene Göttlichkeit. Bei spirituellen Übungen solcher Art sind es der Körper und die Natur, die die Funktion des Gotteshauses übernehmen.«[4]

Aldous Huxley, einer der Väter von New Age und weitaus profunder als der Chor der heutigen New Age-Anhänger, hat in seiner Anthologie dieser allen Religionen zugrundeliegenden »Religiosität« das Wort gegeben: »Der göttliche Grund von allem Existierenden ist ein spirituelles Absolutes, das mit Begriffen und diskursivem Denken nicht zu fassen ist, aber unter gewissen Umständen von einem menschlichen Wesen direkt erfahren und realisiert werden kann, dieses Absolute ist der Gott jenseits-aller-Form-und-Gestalt, ›God-without-form‹, nach hinduistischer und christlicher Sprechweise. Das letzte Ziel des Menschen und der tiefste Grund seiner Existenz ist die Erkenntnis der Einheit mit diesem göttlichen Grund, ein Erkennen, das nur denen gewährt wird, die bereit sind, ›sich selbst zu sterben‹ und so – wie es billig ist – Gott Raum zu geben.«[5]

Es ist ein religiöses Weltbild, in dessen göttlichem Tiefengrund die Einheit der Wirklichkeit lebe, die »geistige« Innenseite einer einzigen Wirklichkeit, die wir meist nur in ihrer »materiellen« Zerstreutheit zur Kenntnis nehmen. Auf dieser »mystischen« Basis kann Hans Dieter Leuenberger Verständnis für die Praktiken der Esoterik entwickeln: »Alles, was im Universum ist, (ist) letztlich Energie . . . Nur – der Mensch kann mit reiner Energie nicht umgehen. Er muß diese Energie in Bilder fassen, erst dann kann er diese Energie verwenden . . . Die verschiedenen esoterischen Wissensgebiete . . . Astrologie, Tarot, Kabbala und viele andere, . . . lehren im Grunde dieses einzige und gleichzeitig einzigartige Weltgesetz, wenn auch mit verschiedenen Bildern . . ., daß es ein universales Gesetz gibt, das die Welt im Innersten zusammenhält . . . und daß, wer dieses Weltgesetz kennt, . . . imstande ist, sein Leben nach diesem übergeordneten Gesetz auszurichten und damit die kosmischen Kräfte in sein ganz persönliches Leben zu integrieren und so in Übereinstimmung mit dem Kosmos zu leben.«[6]

Esoterik hat also in Bildern, Riten, Gegenständen die Weltformel im Griff –

auch Albert Einstein fand mit $E = mc^2$ nur ein mathematisches »Bild« für diese Energie – und weiß damit umzugehen. Und die Religionen bieten in ihrem Monotheismus, Pantheismus oder Schamanismus, in Sakrament und Ritus, in Institution und Gebet auch nur »Formeln« an, um mit der Urenergie der Welt in rechter Weise umzugehen.

2. Eine neue Mystik?

Für die Kreise des New Age ist es selbstverständlich, daß alle Religionen in der »Mystik« ihre Einheit finden. Man könne dies ja schon in einer Tiefenmeditation selbst erfahren: Dort verlören die konfessionellen und »religiösen« Einschränkungen ihren Absolutheitscharakter, dort breche eine Tiefe auf, die nicht mehr in Worten, Dogmen oder Riten zu fassen ist. Hier liegt auch der Grund, warum man immer mehr den Namen »Spiritualität« dem Wort »Religion« vorzieht; denn mit »Religion« verbinde sich Dogmatismus, Institution, Moralismus usw., während »Spiritualität« die freie Luft des Jenseits gegenüber aller historischen Religion atme.

Viele meditative Ansätze haben eine innere Affinität zu dieser These einer »mystischen« Überreligion. Einer der bekanntesten Zen-Lehrer nennt es »Größtökumene«: »Sprach ich früher von Mystik, so ordnete ich sie immer nach ihrem religiösen Herkunftsland. Das will ich nun sein lassen und bekenne mich bedingungslos zu einer interkonfessionellen Mystik, zu einer Mystik an sich!«[7]

Es ist dies ein Traum vieler ernstzunehmender Sucher. Inayat Kahn († 1927) gründete deshalb seine Sufi-Society; die Baha'i-Bewegung von Mirza Ali Muhammed ist unter diesen Vorzeichen ins Leben gerufen worden; der Neo-Hinduismus von Ramakrishna bis Aurobindo hat diese Vision, die Radhakrishna, eine zeitlang Präsident des neuen Indiens, ausdrücklich als eine Einheitsreligion darstellte. Fritjof Schuon hat es in vielen Schriften propagiert. »Es verhält sich damit wie mit einem Prisma, in welches ein einziger weißer Lichtstrahl einfällt (das eine Göttliche der Mystik) und in den Facetten des Glases mannigfach gebrochen wird (die vielen Religionen).«[8]

Diese Sicht einer Einheits-Religiosität oder -Mystik jenseits aller historischen Religion hat eine lange Tradition. Im deutschen Sprachraum ist hier vor allem die Drei-Ringe-Parabel aus Nathan der Weise zu nennen: Alle Ringe (Religionen) sind sich gleich! Wer sich allerdings in die Augenblicksliteratur vertieft, muß erschrecken über die eindimensionale Naivität, mit der auf dem breiten Feld der esoterischen Literatur und auch in den New Age-Büchern eine Einheits-Mystik verkündet wird.[9] Doch auch in vielen christlich-katholischen Meditations-Kreisen wird dieses Thema einer »Einheits-Mystik« mit so wenig Seriosität angegangen, daß man versteht, wie kurz der Weg von dort zu New Age ist.

Der Benediktiner David Steindl-Rast schlägt auch bewußt eine Brücke dorthin: »Unsere mystische Erfahrung ist der Punkt, an dem wir alle eins sind. Und gleichzeitig der Maßstab dafür, was wirklich ist.«[10] Eugene O'Neill schildert sie folgendermaßen: »Ich war (während einer Bootsfahrt) wie trunken von all der Schönheit und dem singenden Rhythmus des Ganzen. Für einen kurzen Augenblick verlor ich mich selbst – wirklich, ich verlor mein Leben. Ich war befreit, war frei! Ich löste mich auf in Meer, wurde weißes Segel und fliegende Gischt, wurde Schönheit und Rhythmus, Mondlicht und das Schiff und der hohe mit Sternen übersäte, verschwimmende Himmel. Ich gehörte, ohne Gegenwart und ohne Zukunft, mit hinein in den Frieden und die Einheit und in eine wilde Freude, in etwas, das größer war als mein Leben selbst! Zu Gott, wenn du willst . . . Und dann noch ein paarmal sonst in meinem Leben, wenn ich weit ins Meer hinaus geschwommen war oder allein an einem Strand lag, habe ich dasselbe Erlebnis gehabt. Ich wurde die Sonne, wurde der heiße Sand, der grüne Seetang am Fels verankert, auf- und abschwingend mit Ebbe und Flut. Wie die Vision eines Heiligen vom Glück kam es über mich. Wie wenn eine unsichtbare Hand den Schleier weggezogen hätte von den Dingen. Für eine Sekunde sieht man – und wenn man das Geheimnis erkennt, ist man selbst das Geheimnis. Für einen Moment ist Sinn!«

Religionen, so führte er aus, sind nur Auto-Straßen, die zur Mystik hinführen, die vermitteln sollen: »Wie gelangen wir . . . von der einen großen Religion zu den vielen Religionen? . . . Als erstes stürzt sich Ihr Intellekt auf Ihre Erfahrung und beginnt zu interpretieren . . . Wir entfernen uns immer mehr von der ursprünglichen Erfahrung . . . So wie Ihr Intellekt wirkt auch Ihr Wille irgendwie auf jede Erfahrung ein . . . Der Bereich, in dem die Furchtsamkeit gegen die Hingabe an das grenzenlose Verbundenheitsgefühl ankämpft, ist die Arena der Moral . . . So wie der Intellekt die Erfahrung interpretiert und der Wille die Hingabe an sie zuläßt, so zelebrieren Ihre Emotionen, Ihre Gefühle diese Erfahrung, und an diesem Punkt entsteht das Ritual . . . Verschiedene Zeitpunkte und verschiedene Orte (haben) unterschiedliche Bedingungen für das Interpretieren, Anwenden und Zelebrieren der mystischen Erfahrung geschaffen . . . Dies führt zur Vielfalt der Religionen auf dieser Welt. Alle aber entspringen der einen Saat, und alle reifen demselben Ziel entgegen.«

Östliche Religionen wie Hinduismus und Buddhismus sind die großen

Paradigmata, in denen man vor New Age schon New Age-Gedanken gedacht haben soll, und stehen deshalb hoch im Kurs. Sie gelten als Erfahrungs-, als mystische Religionen, die aus dem »Inneren« (eso-terisch = innen) des Menschen aufsteigen, während in den westlichen »Abra-ham«-Religionen (Judentum, Islam, Christentum) ein Offenbarungsträger die Wahrheit von außen (exo-terisch) an den Menschen heranträgt. Aus christlichem Raum werden auch Mystiker wie Meister Eckhart, Jakob Böhme und besonders ein Mann unseres Jahrhunderts, Teilhard de Char-din, als Vorläufer dieser esoterischen Religiosität gepriesen. Sie sollen – wie die östlichen Religionen – schon vor New Age von einer organischen Einheit des Alls geträumt und sie auch mystisch erlebt haben.

In den letzten Jahren wurde auch der Sufismus, die arabisch-persische Mystik der Muslims, hinzugenommen; und in ständig wachsender Begei-sterung will man in der ur-indianischen Kultur diese Einheit von Mensch und Natur finden, diese Einheit von Erleben und Leben, diesen Frieden mit sich selbst, mit der menschlichen und vormenschlichen Umgebung und mit dem Göttlichen, wonach sich heute so viele Menschen sehnen.

Zur Sache allerdings ist zu sagen, daß dasjenige, was in den meisten Angeboten von indischer Überlieferung, sufitischer Mystik oder indiani-scher Kultur angeboten wird, nur Verkürzung und Zerrbild der wirkli-chen Religiosität dieser fremden Kulturen ist. (Auf anderer Ebene gilt dies auch für die östlichen Religionen.) Man kann es schon daran erkennen, daß die Standardwerke (z. B. Annemarie Schimmel über sufitische Mystik, Mircea Eliade über Schamanismus, Gershom Scholem über kabbalistische Mystik) in diesen Populär-Veröffentlichungen und -Vorstellungen ver-schwiegen werden.

Deutlicher werden die Fehldeutungen dort, wo man sich auf die Mystiker der eigenen abendländischen Geschichte beruft. Was als Meister Eckhart in den esoterischen Kreisen zitiert wird, hat mit der großen Gestalt des Mittelalters, so wie er der heutigen Forschung sich darbietet, kaum noch etwas zu tun, eher mit der faschistischen Eckhart-Deutung Alfred Rosen-bergs. Bei Teilhard de Chardin, der in New Age-Kreisen geradezu der Standard-Autor ist, verschweigt man genau die beiden Säulen, die seiner Vision Kraft und Bestand geben: Die personale und absolute Wirklichkeit Jesu Christi, in der als »Punkt Omega« die geschaffene Wirklichkeit gipfele, und das Gesetz der »Liebe« (nicht Bewußtseinserweiterung oder ähnlich), das Einheit konstituiert und zugleich die Individualität der Einzelnen bewahrt. Teilhard beschreibt diese Einheit der Liebe als »Zen-tration durch Exzentration«: »Einheit personalisiert«. Er hat sich – was in New Age- und Meditations-Kreisen nicht beachtet wird – ausdrücklich und mit guter Kenntnis für die personale abendländische Mystik in Absetzung von der östlichen Verschmelzungsmystik bekannt.

3. New Age heute

Wird New Age sterben oder wird der Name vergehen, aber die Sache und das Anliegen bleiben weiter wirksam? Capra hat recht deutlich eine Epoche nach New Age und über New Age hinaus angekündigt. Beobachter der Szene wie die Evangelische Zentralstelle für Weltanschauungsfragen stellen fest, daß New Age als ein »grandioses« System der Weltdeutung seine Publizität der letzten Jahre zwar verloren hat, daß aber gleiche oder ähnliche Mentalitäten – jetzt eher in Gruppenaufgliederungen – zurückkommen oder gar im Wachsen begriffen sind.

3.1 Im Windschatten des nicht aufhörenden Psychobooms

Autoren wie Ken Wilber, der einstmals als Systematiker des New Age gepriesen wurde, bekennen sich tatsächlich immer weniger zu »New Age«, sondern nennen sich »transpersonale Psychologen«. Damit aber weist die Entwicklung noch deutlicher in eine Richtung, die dem mystischen Anliegen entspricht: »Cognitio experimentalis de Deo«, wie es schon von Thomas von Aquin gelehrt wurde; »Erfahrungswissen von Gott, vom Absoluten, vom Sinn des Lebens, vom Ganzen, usw.«, wie man es heute formulieren könnte.

Immer sind »Selbstwerden« und »Erfahrung« verknüpft. Wie nahe dies dem Religiös-Mystischen kommt (und für eine große Anzahl der Therapie-Süchtigen diesem gleich ist), kann der Begriff »Transformation« zeigen. »Dieser Bewußtseinswandel, den ich propagiere, ist keine Revolution, sondern eine innere Transformation, die sich in jedem Menschen wie auch im Rahmen der Gesamtgesellschaft vollzieht«, schrieb Capra. Marilyn Ferguson hat eine dementsprechende Stufenleiter in ein neues spirituelles Zeitalter hinein aufgebaut: »Die Erfahrung beim Einstieg deutet eine lichtere, reichere und sinnvollere Dimension des Lebens an ... Nachdem der einzelne spürt, daß es etwas Wertvolleres zu finden gilt, beginnt er mit Vorsicht oder Enthusiasmus danach zu suchen ... Auf der Stufe der Erforschung sah der einzelne, daß Methoden zur Herbeiführung dieses anderen Wissens vorhanden sind.«[11] Und dann folgt die Stufe der Einübung und des Erfahrens, eine Stufe, die wiederum zum Höheren weist: »Wenn das individuelle Bewußtsein heilen und transformieren kann, warum sollte es dann nicht möglich sein, daß sich das Bewußtsein vieler Menschen verbindet, um die Gesellschaft zu heilen und zu transformieren.« Und so wächst eine neue Menschheit aus der Bewußtseinsschule der einzelnen heraus. »In einer Wendezeit, wie wir sie erleben, bildet die Erkenntnis, daß evolutionäre Wandlungen solcher Größenordnung durch kurzfristige politische Aktivität nicht verhindert werden können, unsere stärkste Hoffnung für die Zukunft.«[12]

Diese Botschaft also lautet: So wie du durch Bewußtseinswandel auch deine menschliche Ganzheit verwandelst, wird auch die Menschheit sich zum Besseren wandeln, sobald nur eine genügende Anzahl aus ihr (Maharishi Mahesh Yogi sprach von einigen Prozenten) sich wandelt, das meint ein »Tiefenbewußtsein«, also den Kontakt mit dem transpersonalen »Selbst« gewinnt. Shri Aurobindo, Jean Gebser oder P. Enomyia-Lassalle haben Ähnliches verkündet: Nicht der politische Einsatz oder die karitativ-soziale Tätigkeit, sondern der Bewußtseinswandel im einzelnen Menschen wird die bessere Zukunft herbeiführen. Und dazu wollen die oben erwähnten Selbstfindungstherapien anleiten. Psychologische Gesundung, religiöse Vertiefung und futurologische oder gar eschatologische Heilserwartung sind eng verbunden.

Zweierlei ist dabei festzuhalten: In manchen Therapiezentren lebt tatsächlich etwas von diesem weiten Atem eines persönlichen Bewußtseinswandels als Mosaik-Stein, als Nerv für den Bewußtseinswandel der Menschheit und des Kosmos zur heilen Welt. Doch das meiste bleibt in der Selbstfindung und in der persönlichen Bewußtseinserweiterung stecken, also in dem Psychoboom, der schon seit Jahrzehnten ein Indikator für das Hilfloswerden der klassischen Religionen ist.

Das doppelte Anliegen, das diesen Psychoboom oder dessen Ausweitung zu einer weltweiten »Transformation« bestimmt, gehört in den Bereich der klassischen christlichen Mystik: »Heil-Gesund-Werden« und »Erfahren«. Und hier läßt sich wohl auch ein Unterschied zwischen dem Vor- und dem Nach-New Age-Psychoboom feststellen: Der religiöse, der ganzheitliche Aspekt der psychologischen »Heilung« ist stärker geworden; anders ausgedrückt: die Grenzen zwischen Psychologie und Religion, zwischen Selbst-Erfahrung und Gotteserfahrung scheinen sich immer mehr zu verwischen. Diese Entwicklung ist wohl wichtiger als die andere, daß nämlich die Methoden vielfältiger und ganzheitlicher geworden sind.

3.2 Gruppenbildung um Meditationszentren, Workshops, Orte, Methoden, Lehrer, Meister

So etwa kann man die andere Entwicklung für New Age nach New Age umschreiben. Auch hierzu sind die Belege leicht zu erbringen. Man muß nur das Angebot von Therapie-Kursen u. ä. in den »Esotera«, der Monatszeitschrift des führenden esoterischen »Bauer«-Verlags, durchblättern. Buntgemischt ist dabei Fernöstliches, Therapeutisches, Ganzheitliches, Christliches, Esoterisches, Absurdes und Wertvolles.

Es hilft nichts, dagegen nun den moralisch-christlichen Zeigefinger zu erheben. Es ist wichtiger, dazu erst einmal das Bedürfnis des Menschen – eines jeden, auch des Christen – nach Erfahrungs-Gruppen festzustellen, und dann das ehrliche Bekenntnis abzulegen, daß hier das eigentlich christliche Angebot ins Hintertreffen geraten, in die »Zweitliga« abgestiegen ist, wie neulich ein engagierter und fußballbegeisterter katholischer Pfarrer erklärte.

Allzu leicht bleibt der kritisch-unterscheidende Blick an dem hängen, was man früher einmal »Jugend-Sekten« genannt hat, also aggressive, autoritäre und bis zum Kriminellen hin manipulierende Gruppen mit meist fernöstlichem Flair. Doch selbst die Shri-Raineesh-Bhagwan-Gruppierung hat sich längst gewandelt. Erika Lorenz hat gezeigt, wie durchaus fruchtbar der Weg über die transzendentale Meditation und die Freundschaft mit Maharishi-Mahesh-Yogi sein kann.[13]

Der Blick in die Zeitschrift »Esotera« möge die heutige Situation veranschaulichen: Ein Musiker, Mathias Grassow, macht den Anfang mit dem Angebot, über die »vielen kleinen Leidenschaften« den eigenen »Weg zur Kreativität« zu finden. Unter den »Tatsachen, die das Weltbild wandeln«, finden sich Notizen über Gruppenbildung zu »alternativen Heilweisen und Bewußtseinserweiterung« in Jugoslawien, Sowjetunion (Ayur-Veda), Ghana; über Indianer-Spiritualität oder Kunst und Musik; über den »sanften Tourismus«, Sommercamps, eine »transpersonale Gebirgstour«; über »magische und heilige Stätten im Elsaß«; Friedenstänze; über ein Zentrum von Sri Chinmoy usw. Hauptaufsätze berichten über »Bewußt das Leben spielen«, »körperbewußtes Meditieren«, schamanistische Gruppen in Deutschland um »Großvater Feuer«, einen deutschen »Zen-Meister« (»Zazen« als »der Archetyp der totalen Einheit des Menschen mit dem Kosmos, der Urgrund aller Religion«), »Tuschspuren der Seele«, Kräutersammler aus Nordafrika, »Aromatherapie«, das Mitschwingen des Menschen im »harmonikalen Verhältnis im Kosmos«, Schüler-Workshops (»Jedes Kind sein eigener Lehrer«). Die Buch- und Musik-Besprechungen greifen das auf, und der Veranstaltungskalender zeigt die Fülle der entsprechenden Angebote; z. B. eines aus Dänemark: »Massage und Meditation am Meer, Vertiefe Dich in Deiner Freude, Lust und Liebe zum Leben durch Arbeit an Körper und Geist.« Berichte aus dem Gebiet einer eng-umschriebenen Esoterik wie »Feuerkugeln ... aus dem Nichts« fallen dagegen kaum ins Gewicht, und das mit »Jugendsekten« Angezielte fehlt völlig.[14]

Aber all das durchzieht ein »religiöser« Ton: »Das Wichtigste aller Ziele ist die Konfrontation mit dem göttlichen Selbst ... Durch die Gnade des höheren Selbst kann Kindern beigebracht werden, ›Wissen‹ aus dem höheren Selbst zu gewinnen und dieses Wissen vom eigenen Standort der Freude und Erleuchtung aus anzuwenden ... Es ist ganz, ganz wichtig zu verstehen, daß das einzige, was zählt, die Qualität des eigenen Lebens ist.«[15]

New Age ist eine Weltanschauung. Deshalb muß die Auseinandersetzung mit dieser Mentalität auch im weltanschaulichen Bereich geführt werden. Man kann es noch deutlicher aussprechen: New Age bringt eine Seite des Weltanschaulich-Religiösen zum Bewußtsein, die lange vergessen war, und zwar die »mystische« Seite. Hierauf einzugehen ist zur Urteilsbildung unerläßlich.

4. Christliche Vision

Das Christentum steht auf zwei Säulen: Auf der Botschaft Jesu – und der Mentalität der Zeit, in der diese gehört werden soll. Das mit New Age Umschriebene macht einen Zug unserer heutigen und – davon bin ich überzeugt – der zukünftigen Zeit sichtbar.

Eine Zeitlang hat das Christentum in der modernen Wissenschaft seinen Gesprächspartner gesehen: Heute ist deutlich, daß Glaube und Wissenschaft zwar Berührungsstellen haben, aber zuerst einmal – wie die Elite der Naturwissenschaft es vertritt – auf verschiedenen Ebenen angesiedelt sind. Die Stimmen zu den politisch-sozialen Anliegen der Zeit bleiben wichtige Gesprächspartner, wie auch das Gebot der Nächstenliebe im Zentrum des Christentums steht. Aber wo der Blick allein hier hängen bleibt, endet das Gespräch in einer Sackgasse. Bei Jesus wurzelt die Sorge um den Mitmenschen in seiner Liebe zum Vater aller Menschen: »Suchet zuerst sein Reich; alles andere wird euch hinzugegeben werden.« Wo diese Liebe zu Gott fehlt, verfällt der Mensch – so zeigt es die Geschichte – allzu schnell dem Titanismus, dem Gotteswahn, des Alles-Selbst-Könnens und -Müssens.[16] Gerade Christof Schorsch, als einer, der dem New Age-Denken ehemals sehr nahe stand, hat die Gefahr dieses Titanismus aufgezeigt.

4.1 Mystik als Einheitserfahrung: Kosmos oder Person?

Unbewußt – zum Teil wohl auch bewußt – verlebendigen die Vertreter von New Age eine urchristliche Vision, einen Traum allen religiösen Suchens: Einheit. Biblisch grundgelegt in den spät-paulinischen Schriften, im Johannes-Evangelium und aus dieser Sicht her in der Predigt Jesu, war und ist Einheit das Thema und die Erfahrung der Mystik.

Doch zwei theoretische Konzeptionen von Einheit stehen sich gegenüber: Die eine läßt das Individuelle, Persönliche eintauchen in das größere, unpersönliche Fließen eines Bewußtseins- oder Energie-Stroms. Die andere setzt auf die Erfahrung gegenseitiger personaler Liebe und weiß: Eine größere, ontologisch grundlegendere Einheit kann es nicht geben als die der Hingabe zwischen Ich-und-Du; eine Einheit, die das Individuelle-Persönliche nicht auflöst, sondern letztlich erst konstituiert. Teilhard de Chardin nennt es (nach einer intensiven Auseinandersetzung mit der unpersönlichen Einheitserfahrung): »Zentration durch Exzentration«.[17] Einheitserfahrung und Einswerden durch die Hingabe der Liebe.

Wie bereits angedeutet wurde, wurzelt die Sehnsucht nach der Einheit durch Liebeshingabe tief in allem religiösen Bemühen. So steigt auch aus der eher pantheistischen Grundstimmung des schönsten religiösen Gedichts, aus der Bhagavadgita des Hinduismus, an den Gipfel-Stellen immer wieder die personale Hinwendung zum göttlichen Sinn des Seins als einem »Du« herauf. Und was bedeutet es für das Verständnis des Buddhismus, wenn man erfährt, daß in Japan, der Heimat des Zen-Buddhismus, der überwiegende Teil der Buddhisten dem Amida-Buddhismus anhängt, einer durch und durch dialogischen Haltung zum Göttlichen.

Doch rational und bekenntnishaft hört der Dialog hier auf. Als Grundlage muß die Erfahrung befragt werden: Worauf baust du dein Verhältnis zum Sein und dein Suchen nach Sinn auf? Auf einer Einheitssehnsucht, in der du versinken kannst wie im Mutterschoß, wie im weiten Meer, auf einer Harmonie mit dem Ganzen, wie man sie in einem ruhigen Alpensee schwimmend oder auf der Bergesspitze umherschauend erfahren durfte? Oder ist der Grund deines Zugangs zur Wirklichkeit, zur Existenz und zum Sein nicht doch das Vertrauen, das dir ein »Du«, ein »Jemand« schenkt? Oft bleibt es eine Frage der Sehnsucht und des Suchens und nicht eine des Findens und der Gewißheit. Aber die Sehnsucht nach dieser Einheit des Vertrauens liegt in jedem Menschen; und ein jeder baut von ihr aus sein Verhältnis zur Welt und zu den Mitmenschen auf.

Martin Buber hat darüber reflektiert: »Aber die Mystik? Sie berichtet, wie Einheit ohne Zweiheit erlebt wird? . . . Ich weiß nicht von einem allein, sondern von zweierlei Geschehnis, darin man keiner Zweiheit mehr gewahr wird. Die Mystik vermengt sie zuweilen in ihrer Rede . . . Das eine ist das Einswerden der Seele. Das ist nicht etwas, was sich zwischen dem Menschen und Gott, sondern etwas, was sich im Menschen ereignet . . . Das andre Geschehnis ist jene unausforschliche Art des Beziehungsakts selbst, darin man Zwei zu Eins werden wähnt . . . Ich und Du versinken, die Menschheit, die eben noch der Gottheit gegenüberstand, geht in ihr auf, Verherrlichung, Vergottung, Alleinheit ist erschienen . . . Ich nehme die Menschen zum Gleichnis, die in der Leidenschaft des erfüllenden Eros so vom Wunder der Umschlingung verzückt werden, daß ihnen das Wissen um Ich und Du im Gefühl einer Einheit untergeht, die nicht besteht und nicht bestehen kann.

Was der Ekstatiker Einung nennt, das ist die verzückende Dynamik der Beziehung . . ., die sich vor deren einander unverrückbar gegenüberstehende Träger stellen und sie dem Gefühl des Verzückten verdecken kann . . . Dem jedoch will sich der Anspruch der anderen Versenkungslehre widersetzen, daß das Allwesen und das Selbstwesen dasselbe seien und also kein Dusagen eine letzte Wirklichkeit zu gewähren vermag . . .

Alle Versenkungslehre gründet in dem gigantischen Wahn des in sich zurückgebognen menschlichen Geistes: er geschehe im Menschen. In Wahrheit geschieht er vom Menschen aus – zwischen dem Menschen und dem, was er nicht ist.«[18]

4.2 *Christliche Antwort auf New Age*

Ein radikaler Monotheismus – Gott, jenseits seiner Schöpfung als Jemand in absoluter Seins- und Macht-Vollkommenheit – läuft Gefahr, jede Art von Innerweltlichkeit Gottes in seiner Schöpfung zu verurteilen. Gottes absolute Jenseitigkeit wird nur voll verstanden, wenn zugleich auch seine Innerweltlichkeit in der Schöpfung und besonders im Herzen des Menschen sichtbar wird. Wie kann der Mensch diese Spannung erfahren? Der Jude Martin Buber spricht beim Nachsinnen über die Begegnung (sprich: Mystik) des Menschen mit Gott von Geist. Damit meint er die Begegnungs- und Beziehungs-Qualität, die überall dort in der Innerweltlichkeit aufbricht, wo Menschen mehr suchen, als im innerweltlichen Bereich abzugelten ist. Viele Namen, viele Theorien, viele Weltanschauungen gibt es für dieses »mehr«. Mit Martin Buber spricht das Christentum hier von dem jenseitigen Gott. Diese Beziehung ist für den Juden Buber wie für die christliche Erfahrung »Geist«, d. h. ein Sich-Übersteigen auf Gott hin. Wie selbstverständlich nimmt aber New Age die »mystische Erfahrung« des Christentums (von Meister Eckhart bis Teilhard de Chardin) für sich in Anspruch und entspricht damit einem Suchen unserer Zeit. Dies sollte dem Christentum als Mahnung gelten, sich auf die eigene mystische Tradition neu zu besinnen. Dabei zeigt es sich, daß die Darstellung der christlichen Mystik im Rahmen des New Age-Denkens eine Verkürzung erfährt. Gerade der Bezug zum jenseitigen (transzendenten) personalen Gott, den New Age in seinen prominenten Vertretern negiert, verleiht der mystischen Erfahrung das Moment der »Verantwortung«. Die Konkretisierung der Mystik auf Christus hin gibt dieser Verantwortung ihre innerweltliche Konkretheit.

Die New Age-Protagonisten aber nehmen ihr Idealbild von Mystik aus der hinduistischen Tradition, besonders aus der weltverachtenden Vedanta, wie Capra und auch Ken Wilber zeigen. Doch der Neo-Hinduismus oder der Reform-Hinduismus mit den Führerpersönlichkeiten Vivekanandas oder auch Mahatma Gandhis gesteht, daß ihre »mystische« Tradition, die zu Welt-Verachtung und Jenseitigkeit führe, ergänzt und ausgeglichen werden müsse durch das »politische« Element, das vom Christentum als Verantwortung und Nächstenliebe gelehrt werde. Der Blick in die Geschichte christlicher Mystik zeigt deutlich, daß in so gut wie allen großen Persönlichkeiten (Hildegard von Bingen, Franz von Assisi, Meister Eckhart, Teresa von Avila usw.) das »mystische« Element der Hinwendung auf den jenseitigen Gott Hand in Hand ging mit verantwortlichem Engagement für die Anliegen dieser Welt.

4.3 Was bietet nun New Age?

Zwei Bereiche der »Erfahrung« sind es, die New Age betont und die auf Defizite im Christentum aufmerksam machen: Identität und Geborgenheit. Identität meint das psychosomatische Bei-sich-selber-Sein, Sich-selber-Akzeptieren in seiner geistigen und leiblichen Realität und den Besitz dieser Akzeptanz als Erfahrungswert (und nicht nur als willentliche Bejahung). In der christlichen Mystik war die »Selbsterkenntnis« und »Selbsterfahrung« stets ein Weg zur Beziehungserfahrung (was Martin Buber »Geist« nennt) auf Gott hin. Geborgenheit meint das Zu-Hause-Sein in der konkreten Welt. Auch diese Erfahrung war für die christliche

Mystik ein Weg zur Gotteserfahrung, wie z. B. Hildegard von Bingen in ihren Welt-Visionen zeigt, die sich auf Gott als den Lenker der Welt und der Zeit hin öffnen, oder wie es Franz von Assisi in seiner Weltfreude lebte.

Aufgabe des Christentums im Gespräch mit New Age wird es sein, die Erfahrungsdimension der Identität und des Geborgenseins stärker zu pflegen als bisher, wenn nicht sogar neu zu ergreifen, statt nur mit abstrakten Hinweisen auf den jenseitigen Gott und seine Erlösungs- gnade zu bestehen.

Der Zukunftskonzeption von New Age wirft Christof Schorsch vor, daß sie ein unwirkliches Paradies projiziere. »Der Mythos von der Rückkehr zur paradiesischen Unschuld muß verkennen, daß das reale ›Paradies‹ kein Zustand der Glorie ... war, sondern der unbewußten und das Menschenmögliche verbergenden Einheit von Mensch und Natur ... Das Ergebnis (einer Rückkehr in diesen Zustand) muß daher ein auf neue Weise ›halbierter‹ Mensch sein, und nicht das ganzheitlich entfaltete Potential.«[19]

Dieser naive Zukunftsoptimismus macht wiederum auf ein christliches Defizit aufmerksam: Der Mensch braucht Hoffnung, gerade auch in der modernen Industriegesellschaft. Und Hoffnung nicht nur auf ein fernes Jenseits, sondern auch für das diesseitige Leben und Tun. Doch ebenso- wenig, wie Mystik und Politik in der christlichen Konzeption wider- sprüchlich sind (oder doch sein dürften), widersprechen sich Hoffnung auf den jenseitigen Gott und engagierte Hoffnung für die Anliegen unserer Welt. Wie wirksam christliche Hoffnung im Konkreten für das Tun der Menschen werden kann, zeigen die Befreiungsbewegungen der Dritten Welt.

Erst das Eingebettetsein unseres Bemühens in einen Zustand, den das Christentum mit Geheimnis Gottes umschreibt, befreit zum Handeln aus Hoffnung: Konkret heißt dies: Tue das Richtige und Wichtige, setze dich ein für das Bessere – aber das endgültige, totale Gelingen ist ein Ge- schenk Gottes. Totalitäre Lösungen sind somit dem Christen wesens- fremd.

Das Christentum muß die Herausforderung, die in New Age sichtbar wird, annehmen. In der Geschichte der christlichen Mystik liegen Ant- worten auf die berechtigten Anliegen dieser Herausforderung bereit. In beiden christlichen Kirchen sind sie aber weithin in Vergessenheit gera- ten. Im Anliegen der christlichen Mystik liegen auch die Korrekturen bereit, die – nicht nur aus christlicher Sicht – an dem mit New Age Gemeinten anzubringen sind. Es wäre zu wünschen, daß mit diesem

Fundus von Jahrtausenden die Auseinandersetzung mit New Age differenziert geführt würde, differenzierter auf jeden Fall, als es weithin in den Kirchen geschieht.[20]

Anmerkungen

1 *Chr. Schorsch,* Die New Age-Bewegung. Utopie und Mythos der Neuen Zeit, Gütersloh ²1988, S. 2.
2 *F. Capra,* Das neue Denken. Aufbruch zum neuen Bewußtsein. Die Entstehung eines ganzheitlichen Weltbildes im Spannungsfeld zwischen Naturwissenschaft und Mystik. Bern–München–Wien 1987, S. 32.
3 Ebd., S. 33.
4 *St. Grof,* Das Abenteuer der Selbstentdeckung. Heilung durch veränderte Bewußtseinszustände. Ein Leitfaden, München 1987, S. 324.
5 *A. Huxley,* Philosophia Perennis, München–Zürich 1970, S. 21.
6 *H. D. Leuenberger,* Todtmooser Festrede, in: Auf dem Wege sein, Freiburg 1987, S. 99.
7 *F. Hungerleider,* Mein Weg zur Mystik, Wien 1988, S. 144.
8 *F. Schuon,* zit. nach: *P. Gerlitz,* Kommt die Welteinheitsreligion?, Hamburg 1969, S. 102.
9 Vgl. *J. Zeisel,* Entschleierte Mystik, Freiburg 1984.
10 *D. Steindl-Rast,* Mystik als Grenze der Bewußtseinsevolution. Eine Betrachtung, in: *St. Graf,* Die Chance der Menschheit, München 1988, S. 169f.
11 *M. Ferguson,* Die sanfte Verschwörung. Persönliche und gesellschaftliche Transformation im Zeitalter des Wassermanns, Basel 1982.
12 Ebd.
13 Vgl. *E. Lorenz,* Vom Karma zum Karmel. Erfahrungen auf dem inneren Weg, Freiburg 1989.
14 Vgl. esotera – Neue Dimensionen des Bewußtseins, 7(1989).
15 Ebd., S. 65f.
16 Vgl. *H. E. Richter,* Der Gotteskomplex. Die Geburt und die Krise des Glaubens an die Allmacht des Menschen, Reinbek 1986.
17 Artikel: Exzentration, in: *A. Maas* (Hrsg.), Teilhard de Chardin-Lexikon I, Freiburg 1971, S. 301f.; vgl. auch Artikel: Zentrum, ebd., S. 384–388.
18 *M. Buber,* Das dialogische Prinzip, Heidelberg ⁵1984, S. 87–89, S. 94.
19 *Chr. Schorsch* (Anm. 1), S. 22f.
20 Vgl. ausführlicher zum gesamten Kontext dieses Beitrags: *J. Sudbrack,* Mystische Spuren, Würzburg 1990, insbes. S. 219–250, 345–348.

Christoph Bochinger

Theorien des »New Age« und der Geist der Gegenwart

Marilyn Ferguson, Fritjof Capra, Stanislav Grof, Gregory Bateson

1. *Vorbemerkung*

Das Wort »New Age« hat sich im deutschen Sprachraum seit etwa 1983 als Oberbegriff für eine neuartige Szenerie etabliert, die sich nur schwer in die überkommenen Ordnungsschemata des gesellschaftlichen Grundkonsenses einfügt. Lehrgebäude (oder Bruchstücke von solchen) und praktische Methoden, Ökologie, Religion, Kunst und Anarchie, Politik und »positives Denken«, Naturwissenschaft und Spiritistisches durchdringen einander und entziehen das Ganze der intellektuellen Erfaßbarkeit. Die meisten Insider[1] wie Beobachter[2] konstatieren zwar diese Diffusität und Heterogenität der Sache, gehen aber gleichwohl davon aus, daß es hinter jener Vielfalt an Formen und Bezügen ein Etwas gebe, das den Kern dieses Phänomens ausmacht, und durch das es überhaupt erst zu einer beschreibungsfähigen Einheit wird.

Zumeist wird das Spezifikum des »New Age« in einer bestimmten Art des Denkens, einem Syndrom von Theorien bzw. Theoriefragmenten, einer »Weltanschauung« gesehen.[3] Häufig vorkommende Stichworte wie »Neues Denken«[4] und »Paradigmenwechsel« lassen ein solches Vorgehen plausibel erscheinen. Nun sind diese Worte, ebenso wie »Weltanschauung«, aber auch »Transformation«, »Bewußtseinserweiterung«, »Selbstverwirklichung« u. a.[5], ausgesprochen unscharfe Strukturbegriffe: *was* da *wohin* gedacht, gewandelt, geschaut, transformiert, erweitert, verwirklicht wird und werden soll, also die inhaltliche Qualifizierung jener Stichworte, ist diesen selbst nicht zu entnehmen. So ist es voreilig, aus ihrer Verwendung bei einem bestimmten Autor schon auf seine Zugehörigkeit zu jener »New-Age-Weltanschauung« zu schließen. Christof Schorsch hat darum versucht, bestimmte Tiefenstrukturen dieses Denkens freizulegen, um so einen gemeinsamen Nenner der New-Age-Anhänger darzustellen. Insbesondere findet er dabei einen »Primat des Geistes« in »heilsgeschichtlichem Kontext« und einen »Primat des Individuums« im Blick auf gesellschaftliche Veränderungen.[6] Dieses Ergebnis liegt, obwohl es sich neutral gibt, nicht weit entfernt von stärker wertenden Deutungen, die von kirchlicher Seite oder auch aus der politischen Linken kommen und etwa formulieren, »New Age« sei eine apolitische, egozentrische Krypto-Religion, die einerseits die Utopie der Linken durch neuerliche »Mystifizierung« überlagert, andererseits die gewachsenen Strukturen abendländischer Religion durch synkretistische und säkulare Surrogate ersetzt.[7] »New Age« wird in beiden Fällen als ein parasitäres Phänomen angesehen, das von den Überresten anderer Sinnsysteme lebt und selbst keine schöpferische Eigendynamik an sich hat. Trifft diese Deutung wirklich den Kern der Sache, dann ist »New Age« allerdings nichts anderes als die gegenwärtige Bezeichnung eines viel breiteren Phänomens der Moderne, das schon vor 80 Jahren ganz ähnlich beschrieben werden konnte.[8] Von der Theorie eines »New Age« zu reden, wäre dann von vornherein verfehlt.

Demgegenüber soll im folgenden versucht werden, die vorschnelle Einheitlichkeit des Phänomens »New Age« nochmals aufzulösen, einzelnen Entwürfen sogenannter New Age-Denker je für sich nachzugehen, ihre Theoriemomente für sich zu nehmen und bei Übereinstimmung mit den oben genannten Grundtendenzen zu fragen, was denn »Geist«, »Selbst«, oder »Heil« jeweils zu bedeuten haben, in welchem Kontext diese Begriffe und Gedanken zu sehen sind. Die Analyse beginnt mit den beiden Büchern, die in der deutschen Sekundärliteratur weithin als »Klassiker« des »New Age« bezeichnet werden, Marilyn Fergusons »Die sanfte Verschwörung« und Fritjof Capras »Wendezeit«.[9] Daran schließt sich eine kurze Darstellung ausgewählter Quellen an.

2. Das Zeitalter der Wissensvermittler

2.1 Vision von der Einheit im Zeitgeist: Marilyn Ferguson

Marilyn Fergusons Buch: »Die sanfte Verschwörung. Persönliche und Gesellschaftliche Transformation im Zeitalter des Wassermanns«, erschien in deutscher Sprache erstmals 1982 in dem neo-esoterischen Spezialverlag Sphinx, Basel.[10] Es hat den Rahmen für die weitere Diskussion um »New Age« im deutschen Sprachraum abgesteckt, obwohl diese Begriffsprägung in Fergusons Buch nur am Rande erscheint.[11] Von der evangelikalen Autorin Constance Cumbey[12] gründlich mißverstanden, ist das Buch nicht die Dokumentation eines bereits bestehenden weltweiten Komplotts, sondern die Vision einer Wissenschaftsjournalistin, die »über die Beziehung zwischen dem Gehirn und dem Bewußtsein des Menschen« recherchiert und sich dabei mit paranormalen menschlichen Fähigkeiten befaßt hatte.[13] In der Folgezeit gründet sie eine Zeitschrift[14] zur Vermittlung von Erkenntnissen aus dem Bereich der Gehirn- und Bewußtseinsforschung an die Allgemeinheit. Sie bekommt ein großes Echo und schließt daraus, daß »objektive Wissenschaft« und »subjektive Erfahrungen« in neuer Weise miteinander verknüpft werden müssen.

Marilyn Ferguson identifiziert, bestärkt durch Umfragen bei ihren Lesern, die beobachtete Konvergenz von Wissenschaft als intersubjektiver Wirklichkeitswahrnehmung und subjektiver Erfahrung mit zwei sozialen Bewegungen ihres Umfelds: einerseits dem auf die Außenwelt gerichteten politischen Engagement der 60er-Jahre (im Zusammenhang der Kritik am Vietnamkrieg und der Black-Power-Bewegung), andererseits der nach innen gerichteten »Revolution des Bewußtseins« in den 70er-Jahren, jener Bewegung der Hippies, der Meditierer, der Selbsterfahrungsgruppen.[15] Wissenschaft und Erfahrung gehören – so Fergusons Sicht der Dinge – ebenso zusammen wie soziales Engagement und das neue Interesse am Selbst, an der individuellen Selbstverwirklichung. Und nun kommt die Vision: Die so verschmolzene, »namenlose Bewegung« sei geprägt »von der unbestimmbaren Eigenschaft des Zeitgeistes«, dessen Gegensätze Paradoxien sind und der eine geheimnisvolle Einheit darstellt. Die chaotische Struktur dessen, was sie nun eine »Bewegung« nennt, bringt Marilyn Ferguson dazu, diese im nächsten Schritt als »Verschwörung« zu bezeichnen.[16] Später entdeckt sie, daß sich das Stichwort »Verschwörung« bei verschiedenen religiös geprägten Schriftstellern findet, u. a. in Gestalt der »Verschwörung der Liebe« bei Teilhard de Chardin, der die Vereinigung jenes Gegensatzes von Protest und Liebe scheinbar schon vorwegnimmt. Schließlich rekurriert sie auf den »Symbolgehalt« des astrologischen Stichworts Wassermann: »der Gedanke, daß wir nach einem dunklen, gewalttätigen Fische-Zeitalter eine Ära der Liebe und des Lichtes betreten«.[17]

Auf diesem Hintergrund schreibt nun Marilyn Ferguson ihr Buch, das sich als eine Variation folgender Botschaften verstehen läßt:

a) Veränderung der Gesellschaft beginnt mit der Veränderung der einzelnen Menschen, die sich dementsprechend zusammentun.

b) Die veränderte Perspektive des eigenen Bewußtseins, die im Kollektiv ›trainiert‹ wird, bringt eine neue kollektive Wahrnehmung der Wirklichkeit hervor. Diese schlägt sich in allen Bereichen der gesellschaftlichen Existenz nieder, vom Labor bis zum Meditationsraum.

c) Durch die bessere Kenntnis des Selbst, des eigenen Körpers, der Bewußtseinsstrukturen verändern sich auch die Forschungsmethoden in den Wissenschaften. Objekt und Subjekt rücken näher zusammen und können – wie in den Visionen eines LSD-Trips oder (insoweit man das überhaupt vergleichen darf) traditioneller mystischer Autoren verschiedener religiöser Herkunft – im Extremfall identisch werden.

d) Die »Wissenschaften« haben dies längst entdeckt und formuliert, z. B. in Gestalt der Quantentheorie der theoretischen Physik in den 20er-Jahren. Sie gehören daher mit zur »Verschwörung«. Die breitenwirksame Publikation ihrer Ergebnisse unterstützt die gesellschaftlichen Veränderungen und ›beweist‹ ihre Notwendigkeit und Wirklichkeitsnähe.

e) Marilyn Ferguson beruft sich zur Absicherung dieser Vision der Konvergenz von neu und alt, von Wissenschaft und Lebenswelt, von individuellen und kollektiven Interessen auf unterschiedliche mystische und esoterisch-religiöse Quellen, die schon immer auf solche Konvergenz hin angelegt gewesen seien. Und sie knüpft ein Netz zwischen Wissenschaft und Mystik, Gehirn und Ethik, Ökologie und Poesie, Wirtschaft und Evolutionssprung.

Das Buch hat einen ausgesprochen redundanten Stil. Verschiedene Zeugen werden angeführt, und sie alle sind auch dann Zeugen jener Vision, wenn sie sie selbst niemals empfangen haben. Die Treue zum Kontext ist nicht sehr ausgeprägt, wobei allerdings der populärwissenschaftliche Charakter des Buchs berücksichtigt werden muß.

Für Fachleute sind solche Thesen ärgerlich. Blickt man nun auf die Wirkungsgeschichte des Buches, so zeigt sich, daß es einen Sprachstil aufgebracht bzw. – soweit schon vorher vorhanden – in populärem Zusammenhang bekannt gemacht hat, der zu dem führt, was Schorsch die »Grundbegriffe der New Age-Bewegung« nennt. Inhaltlich hat das Buch außer jener Vision von der Einheit keine Mitte. Die Inhalte sind so gut wie austauschbar mit anderen – bei Johannes Kepler, Augustinus und wohl auch bei Napoleon könnte man Zitate finden, die diese der Zeugenschaft würdig erscheinen ließen. Marilyn Ferguson macht sich nicht die Mühe der Abgrenzung – dies wäre im Sinne ihrer ganzheitlichen Vision geradezu kontraproduktiv. Letztlich ist die »Verschwörung« nichts anderes als die Annahme oder Hoffnung, daß der »Zeitgeist« bei aller Undurchsichtigkeit der gegenwärtigen Wirklichkeitsstruktur eine Einheit darstellen möge, die in der Tat vieles erleichtern würde, von der Sinnfindung des Individuums bis zu einer neuen Wissenschaftsethik. Das Buch wird dadurch in Charakter und Funktion zu einem Stück moderner Erbauungsliteratur. Der ›Primat des Geistes‹ ist von der visionshaften Fragestellung schon vorgegeben. Es handelt sich aber – auch wenn Marilyn Ferguson unter ihren Quellen und Zeugen religiöse nennt und dabei dem Geistbegriff theologische Akzente verleiht – um diesen »Zeitgeist«, wie sie es selbst in der Einleitung klarstellt.

2.2 Das Tao der Konvergenzen: Fritjof Capra

Fritjof Capra, von Hause aus Physiker, doch ebenfalls durch seine allgemeinverständlichen Publikationen als Wissensvermittler bekannt geworden, ist mit seinem ersten Buch über den Zusammenhang von theoretischer Physik und »östlicher Mystik«[18] eine der Quellen in der Darstellung Fergusons. In der »Wendezeit«[19], in Deutschland ein Jahr nach ihrem Buch erschienen, erweist er sich nun als Rezipient: Obwohl er selbst durch die Fragestellungen seines Fachs einen direkteren Zugang zur Terminologie des Wissenschaftshistorikers Thomas S. Kuhn hätte, der das Stichwort »Paradigmenwechsel« geprägt hat[20], nimmt er es tatsächlich erst über den Umweg Marilyn Ferguson und in der von ihr und anderen Nicht-Physikern vorgenommenen Umdeutung auf.[21] Mit den Stichworten hat Capra auch die Weite des Anspruchs übernommen und schreibt nun über medizinische, psychologische, ökologische, ökonomische, biologische, soziologische und systemtheoretische Themen, die in der Gesamtaussage die physikalischen stark zurückdrängen.

Capras ebenfalls redundant wirkendes Buch hat im Unterschied zu Fergusons »Verschwörung« in der physikalischen Fragestellung einen klar erkennbaren Ausgangspunkt. Es nimmt das Anliegen der *Konvergenz* der verschiedenen Wirklichkeitssegmente auf, ordnet sie aber in vier verschiedene Ebenen: Zunächst behauptet Capra die Konvergenz von Aussagen über die kleinsten Bausteine der Materie in der theoretischen Physik mit fundamentalen Aussagen sogenannter östlicher Mystiker über die Wirklichkeit und ihre Wahrnehmung durch den Menschen.[22] Dann folgt der Versuch, eine interdisziplinäre Konvergenz der krisenhaften Gegenwartslage in verschiedenen Natur-, Human- und Sozialwissenschaften aufzuzeigen, die er auf das Schlagwort vom »alten« und »neuen« Paradigma bringt. Vorbildfunktion hat dabei der »Paradigmenwechsel« der theoretischen Physik zu Beginn unseres Jahrhunderts, und so kann z. B. auch die Psychologie des »alten« Paradigmas als »Newtonsche Psychologie« bezeichnet werden[23] (während das »neue« insgeheim auf Namen wie Einstein, Heisenberg oder Physiker jüngerer Generationen zu hören scheint). Drittens kommt in Capras Büchern wissenschaftlicher und lebensweltlicher Horizont überein: Der »Paradigmenwechsel« wird sowohl den wissenschaftlichen Bedürfnissen gerecht, wie er auch einer alternativen Gestaltung der Lebenswelt, einer neuen Politik, neuen gesellschaftlichen

Strukturen Genüge tun will. Das führt zu einem »Systembild des Lebens« als vierter Ebene der Konvergenz. Hier rezipiert Capra den Begriff des Geistes, wie er in verschiedenen amerikanischen Ansätzen zur Systembiologie, Systemtheorie und Epistemologie aufscheint[24], und verknüpft ihn mit einem *geistlichen Begriff des Geistes.* Er beruft sich dabei auf Erich Jantschs Formulierung: »Gott ist nicht der Schöpfer, sondern der Geist des Universums.«[25] Auf jener vierten Ebene der Konvergenz verschmelzen nun »Tiefenökologie« und »Spiritualität«, ethisches und religiöses Interesse, Weltwahrnehmung und Mystik.

Die Schwächen der Capraschen Konstruktion in erkenntnistheoretischer und systematischer Hinsicht sind oft benannt worden.[26] Aber das beantwortet nicht die Frage nach ihrer Intention, die nur auf dem Hintergrund der gegenwärtigen Dynamik des öffentlichen Weltbildes zu verstehen ist. Capra und Ferguson sind Vermittler, deren Syntheseleistung pragmatisch bestimmt ist. Die Rezipienten solchen Wissens verlangen nicht nur nach verständlicher Aufbereitung, sondern nach einem Wissenskosmos, einer Ordnung all jener Berichte und Themen, die den Wissenschaftsjournalisten täglich über den Schreibtisch gehen. Es ist nicht verwunderlich, wenn bei der Konstruktion dieses Kosmos Formen und Bruchstücke einer alten Lebensphilosophie zur Anwendung kommen, die einmal ganz unreflektiert die Brücke zwischen den auch schon vor der Neuzeit verschiedenen Sektoren der menschlichen Weltsicht geschlagen haben. Auch die bevorzugte Rezeption von Zeugen, die – wie Teilhard de Chardin – in irgendeiner Weise in jenen Traditionen noch beheimatet scheinen, erklärt sich sehr profan: Der »Geist« Capras und Fergusons ist weder ein spiritistisches Phänomen noch Hegelsche Selbstentfaltung, sondern es ist der Geist der Einheit, der beide erst ermöglicht.

Ein theologischer Nachsatz zum Dialog: Die gelegentlichen Aussagen Capras und Fergusons über die Identität von kosmischem und göttlichem Geist fordern den Einspruch der Theologen heraus. Und der von Erich Jantsch zitierte Satz, der gewiß nicht für sich allein steht, ist mit dem ersten Artikel des Apostolicum nicht zu verbinden. Wie ich zu zeigen versucht habe, sollte man sich jedoch davor hüten, zu vorschnell in diesen Aussagen den ›wahren Kern‹ des diffusen Gegenstandes des »New Age« im ganzen oder auch nur der Theorie eines Autors entdecken zu wollen. Das muß auf eine Pseudo-Kriminalistik hinauslaufen, die die Bezeichnung »Apologetik« zu Unrecht führt. Gott ist Schöpfer, er ist auch Geist. Und es wäre Sache der Theologen, jene Aussagen als Herausforderung ihrer Pneumatologie zu verstehen.[27]

3. Arbeitsgebiete und ihre Rezeption

Ferguson, Capra und andere Autoren dieses neuen Genres der Wissensvermittlung[28] haben zwar die Zusammenschau, nicht aber die fachlichen Grundlagen ihrer Konstruktionen selbst erstellt. Bei Marilyn Ferguson sind die ›Zeugen‹ gar nicht aufzuzählen, anders bei Capra.[29] Im folgenden seien beispielhaft die Autoren Stanislav Grof und Gregory Bateson herausgegriffen, deren Publikationen und Forschungsresultate Capra ausgiebig benutzt.[30] Sie stehen für eine lockere Gruppierung von Wissenschaftlern, die sich aus verschiedenen Disziplinen heraus hauptsächlich in Amerika mit Fragen der interdisziplinären Vermittlung, der Epistemologie, der Systemtheorie befassen und z. T. stark von konstruktivistischen Vorgaben geprägt sind.[31] Im Unterschied zu den oben Genannten haben ihre Bücher im allgemeinen geringere Verbreitung.[32] Die Autoren sind Spezialisten in einem bestimmten Zweig des wissenschaftlichen Kosmos oder der praktischen Arbeit. Sie pflegen einen anspruchsvolleren Schreibstil und fügen sich formal nicht in die üblicherweise dem »New Age« zugewiesenen Schablonen.[33] Doch sind auch sie aus prinzipiellen Erwägungen um Allgemeinverständlichkeit und Wissensvermittlung bemüht, allerdings mit größerer Treue zum jeweiligen fachlichen Ausgangspunkt und daher auch schärferem Fokus in der Wahrnehmung. Ihre Publikationen können hier nicht im ganzen besprochen werden, sondern lediglich bezüglich ihres Einflusses auf die breitenwirksameren Bücher.

3.1 Topographie des Unbewußten: Stanislav Grof

Stan Grof, Mitbegründer der sogenannten Transpersonalen Psychologie, Psychiater und Psychoanalytiker, hat nach langjährigen Versuchen mit LSD seit etwa zehn Jahren eine »holotropische Therapie« entwickelt, die gezielt hergestellte Trance-Zustände für die Therapie nutzbar macht.[34] Es geht dabei um »Bewußtseinserweiterung«, d. h. um die Aktivierung tieferer Schichten des Unbewußten, die dem Bewußtsein auch nach Ende der Sitzung zugänglich bleiben. Grof entdeckt eine dreifach geschichtete Bewußtseinsstruktur, die sich aus einer biographischen Erinnerungsschicht, einem »perinatalen« (d. h. an der Geburt des Individuums orientierten) und einem »transpersonalen« (die Grenzen des Ichs in zeitlicher, räumlicher oder phänomenaler Hinsicht überschreitenden) Bereich zusammensetzt. Im Unterschied zur ›konventionellen‹ Psychoanalyse *erlebt* und *erfährt* der Patient während der Sitzung Ereignisse seiner Biographie und seines eigenen Geburtsvorganges *von neuem*, was ihm die Integration traumatischer Erfahrungen ermöglichen soll. Dabei eröffnet sich, so Grof, eine transpersonale Dimension des Bewußtseins, das »Gefühl, daß das Bewußtsein sich über die Ich-Grenzen hinaus erweitert und die Grenzen von Zeit und Raum überschritten hat«.[35] Dabei können Reinkarnationserlebnisse, Identifikationen mit Dingen oder mit dem Kosmos als Ganzem, Visionen archetypischer Gestalten und Begegnungen mit Göttern und Dämonen auftreten.

Grof unterscheidet zwar zwischen seiner Therapie*methode*, die er als Weiterentwicklung der Freudschen Analyse versteht, und ihrer Deutung im Zusammenhang eines ›ganzheitlichen‹ oder religiösen Weltbildes[36]; gleichwohl behauptet er, daß es der transpersonale Bereich sei, »zu dem alle die Erfahrungen gehören, die man traditionell als religiös, spirituell, okkult oder mystisch bezeichnet«. Das bedeutet, daß die Erfahrungen dieses Bereichs denselben Wirklichkeitsstatus bekommen, den der Glaubende dem Inhalt seiner Vision oder dem Prozeß seines Erleuchtungserlebnisses zuerkennt. Grof geht davon aus, daß es sich dabei nicht einfach um innerpsychische Phänomene handele, sondern daß hinter jenen Erfahrungen Informationsquellen stünden, »die ganz klar außerhalb der konventionell definierten Reichweite des Individuums liegen«.[37] Mit anderen Worten: »die transpersonalen Phänomene enthüllen Verbindungslinien zwischen Individuum und Kosmos«, und dabei tritt etwas zutage, »was wir am besten ›kosmisches Bewußtsein‹ oder ›Überbewußtsein‹ nennen«. Grof folgert, daß zahlreiche Beobachtungen im Zusammenhang seiner Arbeit im Widerspruch zum »Kartesianisch-Newtonschen Paradigma« der Wissenschaft stünden und somit die dringende Notwendigkeit begründeten, dieses klassische Weltbild einer gründlichen Korrektur zu unterziehen. Das Bewußtsein sei als »primäre Eigenschaft der Existenz ... in die Struktur der phänomenalen Welt hineingewoben«.[38] Damit werde die von Descartes formulierte Trennung von Materie und Geist, die auch der Newtonschen Physik zugrundeliege, aufgehoben.

3.2 Systeme und ihr Geist: Gregory Bateson

Die (kritische) Rede vom »Kartesianisch-Newtonschen Paradigma« ist in beiden genannten Buchkategorien geläufig und geradezu ein Erkennungsmerkmal. Inhaltlich ist sie – ebenso wie viele andere Leitvorstellungen – wesentlich geprägt durch Gregory Bateson (1904–1980), einen anglo-amerikanischen Kulturanthropologen, der seit den dreißiger Jahren nach eingehender Feldforschung in Neuguinea und auf Bali (zusammen mit Margaret Mead) Studien zur kulturellen Struktur seiner Arbeitsgebiete

41

und damit *zugleich* eine Kritik der geläufigen abendländischen Kulturtheorien und ihres Allgemeinheitsanspruches erstellte.[39] Bateson kehrte dann der Kulturanthropologie den Rücken, arbeitete in psychiatrischen Kliniken und erarbeitete u. a. die sogenannte *double bind-Theorie* (»Beziehungsfalle«) zur Erklärung schizophrener Krankheitssymptome, durch die er recht bekannt wurde.[40] In späterer Zeit arbeitet er an einer epistemologischen Theorie, die die anthropologischen Erkenntnisse in allgemeinerer Form umzusetzen versucht. Er gelangt dabei zu einer Auffassung des Geistes als Systemphänomen[41]: »Ein Geist ist ein Aggregat von zusammenwirkenden Teilen oder Komponenten.«[42] Er besteht aus Teilen, »die nicht selbst geistig sind« und ist »bestimmten Arten der *Organisation* von Teilen immanent«.[43] Der »geistige Prozeß« ist somit eine »Abfolge von Wechselwirkungen *zwischen* Teilen«.[44] Bateson führt schließlich einen Ökologie-Begriff ein, der sich an diesem Systemverständnis orientiert.[45]

All dies muß der oben beschriebenen Wissensvermittlung sehr zurecht kommen, und so wird Bateson in dieser Literatur auch gern zitiert.[46] Bei näherem Zusehen fallen jedoch wesentliche Unterschiede ins Auge: Bateson benutzt, obwohl er offensichtlich einige Wirkung auf die einschlägigen Autoren hat, die eingangs angeführten »Grundbegriffe« nicht. Er spricht z. B. auch in den späten Publikationen nicht vom »Paradigmenwechsel«. Seine eigene Version der Kritik am eingefahrenen Weltbild liest sich anders: Er moniert z. B. den »Graben zwischen dem Heuristischen und dem Grundlegenden« in der Verhaltensforschung und rechnet ihn dem Umstand zu, »daß ein sehr großer Teil der wissenschaftlichen Grundstruktur des neunzehnten Jahrhunderts unangemessen oder irrelevant für die Probleme und Phänomene war, mit denen es Biologen und Verhaltenswissenschaftler zu tun hatten«.[47] Diese Grundstruktur verbindet er nun mit dem Namen Newton, ohne aber die Differenz zwischen dessen zentraler Disziplin, der Physik, und jenen Wissenschaften einzuebnen, die – wie auch die Psychologie – mit der zugrundeliegenden Priorität des Quantitativen, der Messungen, des ›Mechanischen‹, weniger gut zurechtkamen als Physik und Chemie.[48] Von Descartes ist in diesem Zusammenhang nicht die Rede. Auch das von Capra (im Rückgriff auf Erich Jantsch) zentral rezipierte Geistverständnis läßt sich im Original nicht so leicht als ›pantheistisch‹ beurteilen wie in dessen Übernahme, was schon die paradoxe Sprachlogik Batesons nahelegt.

Grof bietet dagegen – besonders beim Stichwort »Bewußtseinserweiterung« und »kosmisches Bewußtsein« – selbst die Grundlagen zu einer Deutung, die die Grenzen seines psychotherapeutischen Interesses überschreitet. Dennoch spielt diese Deutung für seine inhaltliche Arbeit eine relativ geringe Rolle. Kriterium bei der Anwendung seiner Methoden ist nicht die Übereinstimmung mit einer Weltanschauung, sondern die pragmatische Frage, ob die Sache im therapeutischen Prozeß ›funktioniert‹ und nützlich ist.

4. Schluß

An diesen Beispielen sollte gezeigt werden, daß »New Age« keine Mitte hat: Die ›Wissensvermittler‹ haben einen Sprachjargon begründet, einen gewissen Sprachspielcharakter, an dem man sich und die anderen erkennt, dem aber außer einem diffusen Konvergenzinteresse keine inhaltliche Qualität eignet. Die Quellen, aus denen sie schöpfen, benutzen zwar teilweise diesen Jargon (so z. B. Grof), er muß aber klar von ihren jeweiligen Arbeitsgebieten und -interessen unterschieden werden. Seine Aufnahme liegt mehr in einer gewissen Sympathie als in einer tatsächlich gemeinsamen Weltanschauung begründet. Diese müßte sich erst einmal entwickeln, und auch die Beobachter sollten – mit Gregory Bateson – nicht »Kategoriensysteme … errichten, solange die Probleme, die sie aufklären sollen, noch nicht genau formuliert sind«.[49] Diese Aufgabe steht noch bevor.

Anmerkungen

1 Z. B. *F. Capra*, Die neue Sicht der Dinge, in: *H. Bürkle* (Hrsg.), New Age, Düsseldorf 1988, S. 11–24, bes. 14–16; *P. Russell*, Die erwachende Erde, München 1984, S. 187 f.
2 Z. B. *J. Sudbrack*, Neue Religiosität, Mainz 1987; *H. Hemminger* u. a., Die Rückkehr der Zauberer, Reinbek 1987; *Chr. Schorsch*, Die New Age-Bewegung, Gütersloh 1988.
3 So z. B. in der Analyse *Christof Schorschs*, a.a.O. (Anm. 2), der in der deutschsprachigen Sekundärliteratur eine gewisse Meinungsführerschaft übernommen hat.
4 Vgl. dazu: Widerspruch. Münchner Zeitschrift für Philosophie, Heft 15 (1989).
5 Die meisten von ihnen gehören zu den insgesamt zwölf »Grundbegriffen der New Age-Bewegung«, die *Schorsch*, a.a.O. (Anm. 2), S. 20 ff., zum Abstecken jener Weltanschauung aufführt; und in der Tat gehören sie zum Jargon der einschlägigen Literatur.
6 Ebd., S. 93 ff.
7 Vgl. einerseits z. B.: Kursbuch Nr. 93: Glauben, hrsg. von *K. M. Michel* und *T. Spengler*, Berlin 1988; vgl. auch: *H. A. Pestalozzi*, Die sanfte Verblödung. Ein Pamphlet, Düsseldorf 1985; andererseits: *H.-J. Ruppert*, Durchbruch zur Innenwelt, Stuttgart 1988; *M. Kehl*, New Age oder Neuer Bund?, Mainz 1988.

8 Der Theologe und Religionssoziologe *Ernst Troeltsch* formulierte im Jahr 1911 über die religiösen Freigeister seiner Zeit, denen er an anderer Stelle auch sehr viel Sympathie zollt: »... sie träumen von einer völlig individualistischen, rein persönlichen Religiosität, die jeder für sich habe und um sich verbreite, völlig neu und völlig frei, ohne jeden konkreten Inhalt, gerade als ob nicht die Fortdauer der Kirchen allein die religiösen Gedankenmassen lieferte, die sie in so erhabener Freiheit variieren können, wie der Pianist über fremde Themata phantasiert« (*E. Troeltsch*, Die Kirche im Leben der Gegenwart (1911), in: Ges. Schriften Bd. 2, Aalen (Neudruck) 1981, S. 98 f.).

9 Zur Bibliographie s. Anm. 10 und 19.

10 *M. Ferguson*, Die sanfte Verschwörung. Persönliche und gesellschaftliche Transformation im Zeitalter des Wassermanns, Basel 1982, englische Originalausgabe 1980.

11 Die Begriffsprägung »New Age«, in Amerika schon seit längerer Zeit geläufig, ist im Deutschen in erster Linie ein Werk der Taschenbuchverlage, v. a. Goldmann, Knaur und Herder, die seit 1983/84 Buchreihen unter dem Reihentitel »New Age«, »New Age – Esoterik« und »Zeitwende« herausbrachten. Auch die meisten hier entstandenen Einzelpublikationen, die das Wort im Titel führen, haben diese Zuordnung den Lektoren und nicht den Autoren zu verdanken, wie ich im einzelnen erfragen konnte.

12 *C. Cumbey*, Die sanfte Verführung. Hintergrund und Gefahren der New-Age-Bewegung, dt. Asslar 1986.

13 *M. Ferguson*, a.a.O. (Anm. 10), S. 19.

14 Brain/Mind Bulletin, seit 1975.

15 *M. Ferguson*, a.a.O. (Anm. 10), S. 20.

16 Ebd., S. 21.

17 Ebd., S. 22.

18 *F. Capra*, Der kosmische Reigen, Weilheim 1977 (seit 1984 unter dem Titel: Das Tao der Physik; engl. Original 1975).

19 *Ders.*, Wendezeit. Bausteine für ein neues Weltbild, München 1983.

20 Vgl. *Th. S. Kuhn*, Die Struktur wissenschaftlicher Revolutionen, Frankfurt a. M. [2]1976 (engl. zuerst 1962).

21 Vgl. dazu Capras Vorwort in der deutschen Ausgabe ihrer »Sanften Verschwörung«, a.a.O. (Anm. 10), S. 12. Im 1975 erstmals erschienenen »Tao der Physik« kommt das Wort noch nicht vor, obwohl die Problematik des Übergangs von der Newtonschen Physik zu der des beginnenden zwanzigsten Jahrhunderts dort breit verhandelt wird, die auch für die Kuhnsche Theorie interesseleitend ist.

22 Das ist der Stand der Dinge in dem 1975/77 zuerst erschienen »Tao der Physik«.

23 *F. Capra*, Wendezeit (Anm. 19), S. 176 ff.

24 *Capras* wichtigster Zeuge hierfür ist *Gregory Bateson*, der Geist als Systemphänomen beschreibt, (s. dazu unten Abschnitt 3.2).

25 *F. Capra*, Wendezeit (Anm. 19), S. 324, zitiert aus: *E. Jantsch*, Die Selbstorganisation des Universums, München 1979, S. 412.

26 Vgl. vor allem: *Chr. Schorsch*, a.a.O. (Anm. 2), S. 128 ff. und 208 ff.

27 Einen systematisch-theologischen Ansatz zu solcher Auseinandersetzung bietet z. B.: *H. Timm*, Das ästhetische Jahrzehnt, Gütersloh 1990.

28 Außer ihnen wären unter den amerikanischen Autoren v. a. *Ken Wilber* zu nennen, der die Zeitschrift »ReVISION« gemacht hat. Seine Bücher (u. a. Halb-

zeit der Evolution, dt. München 1987; Das Atman-Projekt, dt. Paderborn 1990) zeugen von umfassender Belesenheit und auch tieferer Kenntnis östlicher religiöser Traditionen als bei anderen Autoren dieser Kategorie. Der spekulative Anspruch seines Systems ist umfassend. Die Bücher werden dadurch für Nicht-Fachleute schwer lesbar. Auch *Erich Jantschs* Buch: Die Selbstorganisation des Universums, a.a.O. (Anm. 25), kann hier genannt werden, wenn der Autor auch nicht von Berufs wegen Schriftsteller war.

In Deutschland sind v. a. zu nennen: *Rüdiger Lutz* (Bewußtseins(R)evolution, Weinheim/Basel 1983); *Elmar R. Gruber* (Was ist New Age?, Freiburg 1987; Sanfte Verschwörung oder sanfte Verblödung?, Freiburg 1989); *Wolfgang* und *Brita Dahlberg* (Connexions New Age, Klingelbach 1987). Sie alle sind im wesentlichen als Transmitter der amerikanischen Szenerie zu sehen und haben wenig Eigenes dazu beigetragen. Den wichtigsten Anteil an diesem Teil der »New Age«-Szenerie haben in Deutschland übrigens die Verlagslektoren, die allein unzählige Sammelbände zum Thema auf den Markt gebracht haben.

29 Vgl. dazu vor allem sein Buch: Das Neue Denken ... Begegnungen und Gespräche mit führenden Geistes- und Naturwissenschaftlern der Wendezeit, München 1987.

30 Zu *Grof* vgl. *F. Capra*, Wendezeit (Anm. 19), 403 ff. und Das Neue Denken (Anm. 29), 99 ff.; zu *Bateson* ebd., 77 ff.

31 Zu nennen wären u. a.: *Alan Watts, Heinz von Foerster, Paul Watzlawick, Humberto Maturana, Francisco Varela, David Bohm, Morris Berman, Theodore Roszak, Rupert Sheldrake, Ilya Prigogine.*

32 Laut Angabe verschiedener Lektoren beteiligter Verlage.

33 Bei *Chr. Schorsch*, a.a.O. (Anm. 2), werden sie sämtlich *nicht* zum »New Age« gerechnet.

34 Vgl. *St. Grof*, Psychedelische Therapie und holonomische Integration, in: *E. Zundel/B. Fittkau* (Hrsg.), Spirituelle Wege und Transpersonale Psychotherapie, Paderborn 1989, S. 399–423; *ders*; Topographie des Unbewußten, Stuttgart 1978; Geburt, Tod und Transzendenz, München 1985 u. a.

35 *St. Grof*, Psychedelische Therapie, a.a.O. (Anm. 34), S. 412.

36 Persönliches Gespräch am 7. 11. 1988.

37 *St. Grof*, Psychedelische Therapie, a.a.O. (Anm. 34), S. 415.

38 Ebd., S. 421.

39 Z. T. abgedruckt in: *G. Bateson*, Ökologie des Geistes a. M. 1981.

40 Vgl. ebd., S. 219 ff.

41 Vgl. *ders.*, Geist und Natur, Frankfurt a. M. 1982, engl. Original 1979.

42 Ebd., S. 113.

43 Ebd., S. 260.

44 Ebd., S. 115.

45 Vgl. *G. Bateson*, Ökologie des Geistes, a.a.O. (Anm. 39), S. 513 ff.

46 Außer bei *Capra* u. a. auch bei: *M. Ferguson*, a.a.O. (Anm. 10); *R. Lutz*, a.a.O. (Anm. 28), S. 57 ff.; *K. Wilber*, a.a.O. (Anm. 28); *M. Berman*, Die Wiederverzauberung der Welt, München 1983; *R. Kakuska* (Hrsg.), Andere Wirklichkeiten, München 1984. Nachdrucke von Beiträgen *Batesons* finden sich u. a. in: *S. Kumar/R. Hentschel* (Hrsg.), Viele Wege, München 1985; *M. Schaeffer/A. Bachmann* (Hrsg.), Neues Bewußtsein – neues Leben, München 1988.

47 *Bateson*, Ökologie des Geistes (Anm. 39), S. 22 f.

48 Ebd., 23 f. Ähnlich differenziert *Bateson* zwischen der »Newtonschen Welt« und der »Welt der Kommunikation« im Blick auf die jeweilige Wirklichkeitswahrnehmung: ebd., 328 ff.

49 Ebd., S. 99, im Zusammenhang der Kritik an einem kulturanthropologischen Memorandum.

Reinhart Hummel

Suche nach Identität

Selbstfindung als Thema der »Neuen Religiosität«*

Zur Einstimmung auf die neureligiöse Thematik[1] sei zunächst auf zwei viel gelesene Selbstzeugnisse prominenter Zeitgenossen hingewiesen. Das erste ist *Elisabeth Kübler-Ross'* Buch »Über den Tod und das Leben danach«, das 1987 in 7. Auflage erschien; nicht in einem der bekannten Verlage, die die Ergebnisse ihrer Sterbeforschung publiziert haben, sondern in dem esoterischen Verlag »Die Silberschnur«.[2] Dieses Buch zeigt die esoterische Innenseite der – exoterischen – Sterbeforscherin, aber auch die Verbindung zwischen, ja die Einheit von beiden. Eine Schlüsselrolle spielt dabei die Begegnung mit Mrs. Swartz, einer Patientin. Von ihr vernahm Kübler-Ross den ersten Bericht über außerkörperliche Erfahrungen. In einer kritischen Situation fühlte die Patientin sich langsam aus dem Körper gleiten und über dem Bett schweben. Sie sah die Wiederbelebungsversuche von oben und konnte jedes Wort verstehen, wie sie der Schweizer Ärztin versicherte. Noch wichtiger war die Begegnung mit Frau Swartz zehn Monate nach deren Tod. Sie erschien der Ärztin in einer kritischen Phase ihrer Arbeit auf dem Flur des Hospitals – so erzählt diese in dem erwähnten Buch –, begleitete sie zu ihrem Arbeitszimmer und beschwor sie, ihre Arbeit mit Sterbenden nicht aufzugeben. »Ihre Arbeit ist noch nicht beendet. Wir (!) werden Ihnen helfen. Sie werden wissen, wenn Sie damit aufhören können. Aber bitte hören Sie damit jetzt noch nicht auf. Versprechen Sie es mir?« Kübler-Ross versprach es und hielt sich bis in die Mitte der siebziger Jahre daran. Dann »wurde mir mitgeteilt (!), daß meine Arbeit mit Sterbenden nun abgeschlossen sei« und daß sie »nicht meine eigentliche Tätigkeit sei, weshalb ich auf Erden gekommen sei (!) ... Doch meine eigentliche Aufgabe besteht darin ..., den Menschen zu zeigen, daß es keinen Tod gibt (!)« Auf einer New Age-Veranstaltung habe ich Kübler-Ross äußern gehört, viele Menschen würden die kommende Katastrophe nicht überleben, aber der Planet werde nicht untergehen – auch dies offensichtlich eine Botschaft aus der jenseitigen Welt.

1. Das Weltbild des modernen Spiritismus

Bei der Überwindung der Todesfurcht durch den Glauben, daß es »keinen Tod gibt«, spielt auch das Gottesbild eine wichtige Rolle, über das die Autorin sich an der gleichen Stelle äußert: »Gott ist kein strafendes, verurteilendes Wesen ... Was wir von unseren Freunden hören, die hinübergegangen sind (!), ist die Versicherung, daß jeder Mensch ... etwas betrachten muß, das einer Fernsehmattscheibe sehr ähnlich sieht, auf der sich jede unserer irdischen Taten, Worte und Gedanken widerspiegeln. Hiermit wird uns Gelegenheit gegeben, selbst über uns anstelle eines gestrengen Gottes (!) zu Gericht zu sitzen ...« Gott selbst ist nämlich »bedingungslose Liebe«, der Mensch leidet im Jenseits nur unter der Folge seines eigenen Tuns. Umgekehrt hat er sich Vater und Mutter, Geschwister, Lehrer und Freunde selbst ausgesucht und trägt insofern die Verantwortung für seine eigenen Lebensumstände.

Hinter diesen Äußerungen, die sich durch eine Fülle anderer ergänzen ließen, werden die Umrisse des Weltbildes sichtbar, das der moderne Spiritismus seit seiner Entstehung im Jahr 1848 entworfen hat: Der Mensch, unvollkommen, aber gut geschaffen, wird als präexistenter Geist in einen Leib gebannt, um in einem oder in einer Abfolge vieler Leben zu wachsen und seiner göttlichen Bestimmung entgegenzureifen. Dabei stehen ihm »Geistführer« bei. In ihrem bekannten Playboy-Interview hat E. Kübler-Ross bezeugt: »Diese Arbeit mit sterbenden Patienten hat mir geholfen, meine eigene religiöse Identität (!) zu finden, zu wissen, daß es ein Leben nach dem Tod gibt, und zu wissen, daß wir eines Tages wiedergeboren werden, um die Aufgabe zu erfüllen, die wir in diesem Leben nicht erfüllen konnten oder wollten.«

Gelegentlich hört man den Vorwurf, die moderne Sterbeforschung, wie sie von Kübler-Ross vertreten wird, sei okkult »unterwandert«. Man kann den unbezweifelbaren Zusammenhang zwischen der Sterbeforschung und dem neureligiösen Weltbild aber auch anders sehen: Der zunehmend technisierte, seelenlose Umgang der modernen Gesellschaft mit Sterben und Tod wird im Namen eines esoterischen Weltbildes in Frage gestellt und aufgebrochen, das den Menschen als ein primär geistiges Wesen, als einen von Zeit zu Zeit aus der jenseitigen Welt wiederkehrenden Gast auf Erden betrachtet. Auch anthroposophische Anstöße im Bereich von Waldorf-Pädagogik, Medizin und Landwirtschaft legen den Schluß nahe, daß der Widerstand gegen Exzesse der Moderne, wie immer man ihn beurteilen mag, vor allem aus der neureligiös-esoterischen Ecke kommt, also aus dem Bereich, in dem das altertümliche Wort »Seele« in hoher Geltung steht, an Seelenwanderung geglaubt und der Mensch primär als ein Gast aus der jenseitigen Welt betrachtet und behandelt wird.

Einen ähnlichen Hintergrund hat das zweite Selbstzeugnis, *Shirley Mac-Laines* 1984 erschienenes, 1987 in 12. deutscher Auflage herausgebrachtes Buch »Zwischenleben«. Ihm hat Karl-Fritz Daiber eine religionssoziologische Fallstudie unter dem Titel »Reinkarnationsglaube als Ausdruck individueller Sinnsuche« gewidmet.[3] Schon allein die Tatsache, daß eine bekannte Schauspielerin sich über Erfahrungen und Einsichten aus dem esoterischen Grenzbereich äußert, ist bezeichnend. Hatte sich in den siebziger Jahren eine Reihe bekannter Filmschauspieler noch politisch engagiert und damit zugleich der guten Sache und ihrem eigenen Image einen Dienst erwiesen, so geschieht Ähnliches heute im neureligiös-esoterischen Bereich. Shirley MacLaine, damals auf die Fünfzig zugehend und auf der Suche nach Identität und Lebensorientierung, beginnt mit Yoga-Übungen und esoterischer Lektüre, lernt »David«, einen Künstler, kennen, der in diesem Bereich schon Fortschritte gemacht hat, gerät in Schweden in einen spiritistischen Zirkel und nach ihrer Rückkehr in die USA in Kontakt mit einem Trance-Medium. Mit dem Eifer einer zunächst Erweckten und dann Bekehrten schlingt sie eine Unmenge von Literatur über Reinkarnation, Außerirdische und UFOs, außerkörperliche Erfahrungen und Seelenreisen, Evolution und New Age in sich hinein. Sie geht mit David nach Peru, um in entlegenen Gebieten unter armseligen Umständen Experimente mit Bewußtseinserweiterungstechniken zu machen. Am Ende hat sie das Gefühl, das alte Selbst abgelegt zu haben. Zufälligkeiten, an denen sie sonst achtlos vorübergegangen wäre, enthalten einen tiefen Sinn und erscheinen als Teile eines göttlichen Plans mit ihr.

2. Reinkarnationsglaube als Hilfe zur Selbstfindung

Sie erinnert sich an ein Gespräch mit ihrem Schauspielerkollegen Peter Sellers. Er hatte eine mangelnde Kenntnis seiner eigenen Identität beklagt und seine schauspielerischen Leistungen damit erklärt, daß er jede einzelne seiner vielen Rollen zu irgendeiner Zeit selbst gewesen sei. Vor allem klärt sich in diesem Prozeß Shirley MacLaines schwierigstes Lebensproblem, nämlich ihre Liebesbeziehung zu einem verheirateten englischen Politiker, die sie zunehmend als unbefriedigend empfindet. Sie »erfährt« schließlich, daß sie in einem früheren Leben mit ihm verheiratet war, wie schon Goethe es von sich und Frau von Stein vermutete. Mit dieser Einsicht scheint eine Ablösung von dem Freund und eine Neudefinierung ihrer Beziehung möglich zu werden. Das Buch endet mit einem Ausblick auf das New Age, das Wassermann-Zeitalter und seine Bedeutung für die Politik. Seine religiösen Aussagen ähneln denen von Kübler-Ross: Es gibt keinen Tod, nur Übergänge der Seele von einer Existenzform zur anderen. Wenn ihr begleitender Körper stirbt, individualisiert die Seele sich, bis sie ihre karmische Entscheidung trifft, in welcher Form sie leben möchte. Das sei Reinkarnation. »Die Botschaft Christi war: Jeder Mensch kann erreichen, was Er erreichte – der Mensch muß nur sein Potential erkennen.« Wie spiritistische Karrieren es häufig tun, kulminiert auch diese in einem Auftrag: Die persönlichen Erfahrungen sollen niedergeschrieben und als Buch veröffentlicht werden. Der Leser hält das Ergebnis dieses Auftrags in der Hand.

Daiber hat mit Recht festgestellt: »Kernbestand der neuen Erfahrung ist der Wiedergeburtsgedanke oder genauer die Wirklichkeit früherer und zukünftiger Leben als Teil der Selbstdefinition.« »Die eigene individuelle Sinnsuche soll also nicht eine Gegenreligion produzieren. Es geht um eine individuelle Religion, die durchaus im Traditionszusammenhang des Christentums bleiben möchte, die aber eigenständig akzentuiert, nicht lehramtlich bevormundet, weder durch eine Hierarchie, noch durch eine theologische Dogmatik. Wer Christus ist, muß sich im Horizont des eigenen Denkens neu definieren lassen.« Dabei zitiert Daiber Robert Bellah: »Die historischen Religionen entdecken das Selbst; die frühmoderne Religion erfand die Lehre, die es erlaubte, das Selbst in all seiner empirischen Unzulänglichkeit zu akzeptieren; die moderne Religion schickt sich an, die Gesetze der subjektiven Existenz zu verstehen, um so dem Menschen zu helfen, sein Schicksal verantwortungsvoll selbst in die Hand zu nehmen.«

3. Neue Religiosität zwischen Erfahrung und Tradition

Was Daiber dabei übersieht, darin freilich der Autorin folgend, ist die Tatsache, daß hier nicht das einzelne religiöse Subjekt der Institution Kirche gegenübersteht. Was wie ein individueller religiöser Entwurf, gewonnen aus persönlicher Erfahrung, aussieht, ist in Wirklichkeit Reproduktion eines längst bestehenden Weltbildes und Nachvollzug einer vorgegebenen esoterischen Praxis, die der Autorin durch »David« und andere Bekannte, durch spiritistische Zirkel und Medien sowie durch die entsprechende Literatur vermittelt worden sind. Im Vergleich zu den Kirchen ist diese Tradition, zumindest in Europa, kaum institutionalisiert.

In den USA gibt es jedoch seit langem spiritistische bzw. *spiritualistische Kirchen*, die in der »National Spiritualist Association of Churches« zusammengeschlossen sind und ihren Glauben in einer Grundsatzerklärung von acht Artikeln formuliert haben. Dazu gehört der Glaube an die Fortdauer und persönliche Identität des Individuums nach dem Tod, an die Kommunikation mit den Toten, an die Verantwortlichkeit jedes Einzelnen für sein Glück oder Unglück, als Folge des früheren Gehorsams gegenüber den physischen und moralischen Gesetzen (d. h. der Karma-Glaube) und an die nie endende Möglichkeit der Besserung in diesem oder in späteren Leben. Die Bücher von Kübler-Ross und MacLaine sind gewiß Zeugnisse individueller Suche, sie sind aber auch Beweise für die Fortdauer und Revitalisierung längst bestehender Traditionen mit einer je eigenen Geschichte. Die Kontinuität dieser Geschichte soll zunächst aufgezeigt werden, bevor ihre Bedeutung für die gegenwärtige religiöse Landschaft und für die Kirchen charakterisiert wird.

Es mag diejenigen, die mit der neueren Entwicklung der neuen Religiosität nicht vertraut sind, verwundert haben, daß ich mit Beispielen aus dem esoterisch-spiritistischen Bereich begonnen habe, nicht mit indischen Gurubewegungen, Moonies oder Jugendsekten. Es hat sich jedoch herausgestellt, daß die Bäume indischer Gurus, japanischer Zen-Meister, der östlichen Religiosität insgesamt nicht in den Himmel gewachsen sind. Die institutionalisierten, teilweise versekteten Formen der neuen Religiosität, die als »neue religiöse Bewegungen« oder »Jugendreligionen« bezeichnet werden, haben ihre beste Zeit hinter sich. Die neureligiöse Szene steht gegenwärtig im Zeichen des Wassermanns. Die *New Age-Bewegung*[4] bezeichnet sich selbst als ein lockeres Netzwerk Gleichgesinnter. Sie bildet ein synkretistisches Gemisch aus östlicher und archaischer Religiosität (Schamanismus!), westlichen Traditionen des Okkultismus und der Esoterik wie Spiritismus, Theosophie und Anthroposophie, und, nicht zu vergessen, moderner »transpersonaler« Psychologie, die den Menschen als Teil eines umfassenden Ganzen, als kosmisches Wesen betrachtet. Das ideologische Gerüst wird vom modernen Evolutionismus gestellt, als dessen Kronzeugen der indische Meister Sri Aurobindo und der Jesuit Teilhard de Chardin in Anspruch genommen werden. Fritjof Capra, selbst ein Mann mit mystischen Erfahrungen, hat diese Verbindung von Mystik und moderner Naturwissenschaft popularisiert.

Die New Age-Bewegung umfaßt auch Teile der ökologischen und feministischen Bewegung, besonders diejenigen, die eine Wiederbelebung matriarchalischer Vorstellungen und Rituale anstreben. Die Vorstellung, daß die Menschheit gegenwärtig das Fische-Zeitalter, das Zeitalter der Kirchen und Konfessionen, hinter sich läßt und in das Zeitalter des Wassermanns eintritt, stammt aus theosophischen Kreisen und findet sich in vergleichbarer Form ebenfalls im modernen Spiritismus. Diese Hoffnung gibt der New Age-Botschaft ihren chiliastischen Grundton: Das neue Bewußtsein im Zeichen des Wassermanns ist die einzige Chance der Menschheit, der globalen Katastrophe zu entgehen und in ein neues Zeitalter des Friedens miteinander und mit der Natur einzutreten.

4. Wurzelstränge der neuen Religiosität der New Age-Bewegung

Untersucht man das vielfältige Wurzelgeflecht dieser Bewegung, so stößt man auf drei wichtige Jahreszahlen: 1893, 1848 und 1875. 1893 fand in Chicago anläßlich der dortigen Weltausstellung das »Weltparlament der Religionen« statt. Vertreter verschiedener hinduistischer, buddhistischer, islamischer und sonstiger Traditionen und Erneuerungsbewegungen wurden von liberalen christlichen Kreisen eingeladen, um sich der westlichen Öffentlichkeit zu präsentieren. Etliche von ihnen blieben gleich im Westen, gewannen erste Anhänger und gründeten erste Organisationen. Das Weltparlament der Religionen hat die organisierte *Mission nichtchristlicher Religionen im Westen* eingeläutet. Das Auftreten indischer Gurus, japanischer Roshis und tibetischer Lamas in den siebziger Jahren ist in dieser Kontinuität zu sehen und stellt nur eine neue Welle dar, der in gewissen Abständen wohl weitere folgen werden. Im breiten Spektrum neuer Religiosität und neuer religiöser Bewegungen stellt die Begegnung mit den religiösen Traditionen Asiens, von Georg Vicedom zuerst als »Mission der Weltreligionen« bezeichnet[5], ein wichtiges Element dar.
Die New Age-Bewegung hat in diesem Bereich eine wichtige Scheidung herbeigeführt. Manche haben sich von indischen Gurubewegungen, Sufi-Gruppen und ähnlichen Bewegungen gelöst und sich im synkretistischen Niemandsland angesiedelt, in dem man Sufismus ohne Islam, Zen- oder Vipassana-Meditation ohne Buddhismus und Yoga ohne Hinduismus praktizieren möchte. Andere sind geblieben und tragen dazu bei, daß der Baum hinduistischer, buddhistischer und islamischer Präsenz im Westen gleichsam neue Jahresringe ansetzt. Am deutlichsten zeichnet sich diese Entwicklung im Buddhismus ab. Die hier neu entstandenen Gruppen mit tibetisch-lamaistischem Hintergrund sind in ihrer Mehrzahl der »Deutschen Buddhistischen Union« und der neu gebildeten »Buddhistischen Religionsgemeinschaft in Deutschland« beigetreten. Für die Kirchen ist es wichtig zu realisieren, daß die missionarische Religionsbegegnung keines-

wegs an ein Ende gekommen ist, sondern, nun eher unter umgekehrtem Vorzeichen, weitergeht.

Enttäuschungen, Konflikte und kulturelle Entfremdungserscheinungen im Zusammenhang mit östlicher Religiosität, vor allem in ihrer organisierten Gestalt, haben zu einer Hinwendung zu den Quellen *abendländischer Esoterik* geführt, freilich angereichert durch archaische Ekstasetechniken und Heilungspraktiken. Eine neue »okkulte Explosion« hat sich ereignet. In Seminaren und workshops laufen Teilnehmer über glühende Kohle, kriechen in schamanistische Schwitzhütten, lernen mit ihrem Geburtshoroskop und mit Tarotkarten zum Zweck tieferer Selbstfindung und voller Ausschöpfung des eigenen Kräftepotentials umzugehen. Astrologie und Reinkarnationstherapie werden als Mittel der Lebensberatung eingesetzt oder gar in der Reinkarnationsastrologie miteinander kombiniert. Die meisten *Geistheiler* stehen in der Tradition des modernen Spiritismus. Unter Anleitung eines »Geistführers« diagnostizieren, therapieren, ja operieren sie. Sie verstehen sich als Kanäle jenseitiger Kräfte, die durch ihre Hände oder auf anderen Wegen auf kranke Körperstellen fließen. Dieser *moderne Spiritismus* begann 1848, im Jahr des kommunistischen Manifests, mit geheimnisvollen Klopflauten im Haus des Farmers John Fox in Hydesville bei Rochester/USA. Innerhalb weniger Jahrzehnte breitete sich die Bewegung über die Vereinigten Staaten, Europa und vor allem Lateinamerika aus, wo der Spiritismus heute so etwas wie eine dritte Konfession darstellt. Die Schriften des Franzosen Allan Kardec aus der Mitte des vorigen Jahrhunderts nehmen dort den Rang einer spiritistischen Bibel ein.

Aus einer spiritistischen Gruppe, die lebhaften Umgang mit Geistern pflegte, entwickelte sich 1875 in New York die »*Theosophische Gesellschaft*«, die schon früh nach Indien übersiedelte und ein synkretistisches Gemisch aus Spiritismus und entstellten östlichen Vorstellungen schuf. Die beiden Gründer, H. P. Blavatsky und H. S. Olcott, konvertierten im damaligen Ceylon zum Buddhismus, die zweite Präsidentin, Annie Besant, brachte es bis zur Präsidentin des Indischen Nationalkongresses. Aus der Theosophischen Gesellschaft löste sich 1913 deren deutsche Sektion unter der Führung von Rudolf Steiner und schuf sich als neue Organisation die »*Anthroposophische Gesellschaft*«.

Für das Verständnis der New Age-Bewegung ist noch eine weitere Jahreszahl bedeutungsvoll. 1962 entstand auf altem indianischen Boden in Big Sur/Kalifornien das *Esalen-Zentrum*. Dort wirkten westliche Anhänger östlicher Philosophien und Meditationswege wie Alan Watts und Baba Ram Dass zusammen mit wichtigen Vertretern der humanistischen Psychologie, zum Beispiel dem Begründer der Gestalttherapie Fritz Perls und Bioenergetikern wie Alexander Lowen. Diese Verschmelzung östlicher Meditation und westlicher Psychologie zum Zweck der Selbsterfahrung und Selbstfindung hat dem neureligiösen Spektrum eine weitere Dimension hinzugefügt. Aus ihr ist die transpersonale Psychologie hervorgegangen, die in der New Age-Bewegung, ihrer Theorie und Praxis, eine wichtige Rolle spielt. Man kann also drei Wurzelstränge der New Age-Bewegung unterscheiden: abendländische Esoterik (Spiritismus und Theosophie), östliche Religiosität und Meditation sowie humanistische bzw. transpersonale Psychologie. Man findet sie im Angebot aller New Age-Zentren wieder.

5. Neue Religiosität zwischen Säkularität und christlicher Wahrheit

Man würde den zweiten Wurzelstrang der neuen Religiosität mißverstehen und unterschätzen, wollte man in ihm nur eine weitere Welle naiven Aberglaubens sehen. In Wirklichkeit schlugen die Klopflaute von Hydesville an das Gehäuse des modernen Wissenschaftsglaubens, und der moderne spiritistisch-theosophisch-anthroposophische Gesamtkomplex wird am besten verstanden als eine mit den Mitteln der Moderne arbeitende antimodernistische Protestbewegung. Rudolf Steiner erhob den Anspruch, mit seiner evolutionistischen Reinkarnationslehre Darwin und Haeckel zu Ende zu denken, und der moderne Spiritismus lebt von der Überzeugung, daß es sich bei den Bekundungen der Geisterwelt um wissenschaftlich verifizierbare Phänomene handelt. Theodor Adorno hat dieses ambivalente Verhältnis zur Wissenschaft verhöhnt: »Das zetert über Materialismus, aber den Astralleib wollen sie wiegen!«

Ebenso ambivalent ist die *Haltung gegenüber dem Christentum*. Einerseits wird der Anspruch erhoben, die Sache der Religion und auch des Christentums gegenüber dem Ansturm der materialistischen Weltdeutung zu vertreten, wobei das Bekenntnis zur Unsterblichkeit der Seele eine besondere Rolle spielt. Andererseits gründet sich der Anspruch der Wissenschaftlichkeit gerade darauf, daß man sich im Sinne des Rationalismus von bestimmten christlichen Inhalten distanziert, die im Calvinismus der Vereinigten Staaten besonders deutlich ausgeprägt sind: Der Glaube an den souverän handelnden, zu Himmel oder Hölle prädestinierenden Gott wurde durch ein blasses, unpersönliches Gottesbild und den Glauben an göttliche Gesetzmäßigkeiten ersetzt, die der Mensch kennen und befolgen muß. Die Vorstellung des göttlichen Endgerichts wurde verdrängt durch die eschatologische happy-end-Botschaft, daß auch der langsamste Nachzügler auf dem Weg über viele Wiederverkörperungen noch zum Ziel gelangen kann. Diese Glaubenssätze tauchen nicht von ungefähr bei Kübler-Ross, MacLaine und vergleichbaren Büchern wieder auf. Auch bei der Reinkarnationssendung des ZDF vom Januar 1986 wurden diese Themen zum Schluß abgefragt: Gibt es eine Hölle usw.?

Gewiß kann man neue Religiosität und die neuen religiösen Bewegungen nicht ausschließlich unter dem Aspekt betrachten, daß sich in ihnen der spiritualistisch-theosophische Gesamtkomplex des vorigen Jahrhunderts und der Zeit vor dem Ersten Weltkrieg fortsetzt. Wissenschaftsgläubigkeit und Fortschrittsglauben sind ernsthaft erschüttert, ökologisches Denken beherrscht weithin das Feld, die Veränderungen des naturwissenschaftlichen Weltbildes sind geistig und theologisch noch keineswegs aufgearbeitet, und vor allem steht die Begegnung mit fremden Kulturen und Religionen noch in den Anfängen. Trotzdem sollte die Kontinuität mit den großen Bewegungen, die 1848, 1875 und 1893 einsetzten, nicht übersehen werden. Darum muß die häufig gestellte Frage: Wie neu ist eigentlich die neue Religiosität? – im Blick auf ihre Inhalte eher skeptisch beantwortet werden. Sie steht in einer Kontinuität, die im vorigen Jahrhundert beginnt, entfaltet sich freilich in einer gründlich gewandelten Zeitsituation.

Gerade die *New Age-Botschaft*, in der die östlichen und westlichen Ströme der neuen Religiosität zusammengeflossen sind, kommt weit verbreiteten Bedürfnissen entgegen: Der Sehnsucht nach einem religiösen Weltbild, das die Grenzen wissenschaftlicher Welterkenntnis sprengt; nach einer kosmischen Makrohistorie, wie Mircea Eliade das genannt hat; nach Einheit von Wissenschaft und Mystik; das Bedürfnis nach Synthese und Ganzheit, besonders der Ganzheit von Leib und Seele; nach einer religiösen Praxis, die mit den Problemen des Alltags in der modernen Welt verbunden ist; die Sehnsucht nach einer persönlichen Initiation – auch davon hat Eliade gesprochen; Das Verlangen nach heilenden Kräften und vor allem nach einer optimistischen Hoffnungsbotschaft angesichts vielfältiger Bedrohungen; nicht zuletzt die ökumenische Sehnsucht nach Überwindung religiöser und konfessioneller Gegensätze und Spaltungen. Aber obgleich manche dieser Bedürfnisse eher postmodern als modern sind, entfaltet sich die Antwort darauf in der alten doppelten Frontstellung gegen das Gehäuse des wissenschaftlichen Weltbildes und gegen das christliche Wahrheitsverständnis.

6. Neureligiöse Organisationsformen

Eine andere Frage ist, ob man die neue Religiosität und die New Age-Bewegung als Religion im Vollsinn bezeichnen kann. M. Eliade hat die modernen spiritistischen und theosophischen Bewegungen als »parareligiös« bezeichnet.[6] Sie decken in der Tat nicht das breite Spektrum von Lehre, kultischer und ritueller Praxis sowie Gemeinschaft ab, das nach Joachim Wach das Phänomen Religion kennzeichnet. Die Theosophie hat sich gleichermaßen als esoterischen Buddhismus und esoterisches Christentum bezeichnen können. Selbst wenn solche Bewegungen ein volles organisatorisches Eigenleben entfalten, ähneln sie doch eher gnostischen Konventikeln[7] als kirchenähnlichen Gebilden. Für Menschen mit stärkeren kultischen Bedürfnissen hat die Theosophie die Liberal-katholische Kirche vorgesehen, die Anthroposophie die Christengemeinschaft. Ein beträchtlicher Teil der neuen Religiosität hat sich abseits fester Organisationsformen etabliert. Er ist individualistisch orientiert und fördert einen individuellen, auf die persönlichen Augenblicksbedürfnisse zugeschnittenen Synkretismus, der sich nicht gern auf eine verbindliche Zugehörigkeit einläßt. Gewiß gibt es neue religiöse Bewegungen, für die das nicht gilt. Die hinduistische Hare-Krischna-Bewegung und die Vereinigungskirche haben ein klares religiöses Profil und ein eigenes, kultisch und rituell geprägtes Gemeinschaftsleben. Aber für die neue Religiosität sind sie nicht repräsentativ. Die neue Religiosität ist überwiegend freischwebend und vagabundierend.

In der amerikanischen Religionssoziologie hat sich die Unterscheidung zwischen audience cult, client cult und cult movement[8] eingebürgert, d. h. zwischen Publikum, Kundschaft und Bewegung. Die lockerste Form ist die des audience cult, des *Publikums*. Es stellt eine Gemeinde dar, die sich nicht versammelt und keine feste Mitgliedschaft hat. Sie besteht aus Menschen, die die gleichen Bücher lesen, Kassetten hören und Fernsehsendungen sehen. Alle sind vom gleichen Gegenstand fasziniert, von UFOs zum Beispiel. Die Leserschaft der Zeitschrift »esotera« ist wohl der größte audience cult im deutschsprachigen Raum. Ein client cult entsteht dort, wo astrologische Lebensberatung, Geistheilung und andere, magische oder therapeutische Dienstleistungen angeboten werden. So kommt ein *Kundschaftsverhältnis* zu denen zustande, die das betreffende Gewerbe ausüben, aber keine Gemeinschaft, meistens auch keine feste Mitgliedschaft und kein klares Glaubenssystem. Das gibt es erst in der *Kult-Bewegung*, die zu ihrer Entstehung meistens eine charismatische Führergestalt benötigt. Die neue Religiosität und die New Age-Bewegung sind überwiegend als audience cult und client cult organisiert. Die Kult-Bewegungen haben überwiegend eine Führergestalt aus der Dritten Welt an ihrer Spitze.

Diese parareligiösen Organisationsformen halten jetzt auch mehr und mehr in Mitteleuropa Einzug. Ihnen entspricht auf der anderen Seite eine zunehmende religiöse Konsumentenhaltung. Die vorhandenen religiösen Angebote werden als Supermarkt für die Befriedigung der jeweiligen Augenblicksbedürfnisse benutzt. So entwickelt sich eine locker organisierte do-it-yourself-Form von praktischer, an konkreten Lebensproblemen orientierter Religion mit kommerziellen Zügen, häufig ohne dauerhafte Loyalität gegenüber den großen religiösen Institutionen. Das gehört zur *Amerikanisierung des religiösen Lebens*, die sich in anderer Weise auch in der Zunahme aus den USA importierter Sekten und Sondergemeinschaften bemerkbar macht. Versuchen Kirchen, sich auf diese Situation einzustellen, können sie selbst zu einem Supermarkt ohne deutliches Profil werden. Religion unter den Bedingungen der Säkularität – das ist für alle Beteiligten ein kniffliges Problem.

7. Die Kirche vor der neureligiösen Herausforderung

Die neureligiösen Wellen haben in den letzten Jahren solche Ausmaße angenommen, daß auch die katholische Kirche ihre frühere Abstinenz im Bereich von Apologetik und Weltanschauungsarbeit aufgegeben hat, nicht zuletzt unter dem Eindruck der Auseinandersetzung mit den sogenannten »Protestantischen Sekten« in Lateinamerika. Das deutlichste Anzeichen dafür ist der vatikanische Zwischenbericht über »Sekten und neue religiöse Bewegungen – eine Herausforderung für die Seelsorge«[9] von 1986. Er wurde in Zusammenarbeit von drei Sekretarien (für die Einheit der Christen, für die Nichtglaubenden und für die Nichtchristen) sowie des Päpstlichen Rates für Kultur erstellt – allein das schon ein Indiz für die Komplexität der Aufgabe. Der Zwischenbericht warnt davor, »naiv irenisch« zu sein und schätzt die Möglichkeit des Dialogs mit den Sekten gering ein. Er gibt sich aber auch nicht damit zufrieden, »die Sekten zu verdammen und zu bekämpfen«. Vielmehr sieht er die Herausforderung durch die neuen religiösen Bewegungen darin, »unserer eigenen Erneuerung zu einer größeren pastoralen Wirksamkeit einen Impuls zu verleihen«. Ähnlich argumentiert die »Neue religiöse Welle«, herausgegeben von zuständigen Stellen im deutschsprachigen Raum.[10]

Sie haben freilich ein Papier über »Grundsätze der Apologetik«[11] hinzugefügt, das die Einsicht signalisiert, daß die Auseinandersetzung mit neureligiösen Phänomenen sich nicht auf die pastorale Dimension beschränken läßt. In dieser Stellungnahme werden drei Bereiche angesprochen, die man kurz als Nachfrage, Angebot und Vertrieb bezeichnen kann.[12] Damit sind drei Aspekte kirchlicher Verantwortung im Umgang mit neureligiösen Erscheinungen genannt, von denen keiner vernachlässigt werden sollte.

Auf der *Nachfrageseite* hat es die Kirche im neureligiösen Bereich mit suchenden, in ihrem Suchen auch irrenden Menschen zu tun, die sich angesichts gesellschaftlicher Krisenerscheinungen und kirchlicher Defizite nicht mit den traditionellen Antworten zufrieden geben. Daß das neu aufgebrochene Suchen so häufig an den Kirchentüren vorübergeht, hat eine Reihe von Gründen. Viele kirchliche Angebote sind immer noch stark familienorientiert. Die neureligiös Suchenden dagegen sind häufig »Singles«, Alleinstehende, nicht selten belastet von Erinnerungen an eine zerbrochene Ehe oder Partnerschaft. Ihre Suche nach einer bergenden Gemeinschaft steht im Konflikt mit ihrer Angst vor Vereinnahmung und ihrem Wunsch nach einem selbstbestimmten Leben. Auch andere Menschen fragen weniger nach allgemein verbindlicher Orientierung und allgemein gültigen Werten als nach ihrem ganz persönlichen Weg. Sie wollen wissen, was *für sie* richtig ist. Astrologische Lebensberatung, Reinkarnationstherapie und andere neureligiöse Angebote haben sich auf diese Erwartungen eingestellt und verheißen eine Antwort auf das, was als die »Dauersuche des modernen Menschen nach sich selbst« bezeichnet worden ist.

So werden Lebensbereiche, die die kirchliche Seelsorge früher einmal an säkulare Formen der Problembewältigung verloren hat, jetzt neureligiös besetzt: gesunde Lebensweise, Krankheit und Heilung; Psychotherapie und Identitätsfindung; Sterben und Tod. Auf diese Weise findet eine Resakralisierung solcher Lebensbereiche statt; sie werden in einen religiösen oder esoterischen Lebensvollzug einbezogen. Viele Anhänger der neuen Religiosität sind vorwiegend an der praktischen Lebenshilfe interessiert, ohne sich mit dem gesamten neureligiösen Weltbild zu identifizieren. So könnte es theoretisch zu einer Arbeitsteilung zwischen christlichem Glauben und neureligiöser Lebensbewältigung kommen: Man bleibt in der Kirche der Enzykliken und Denkschriften, aber die konkrete Lebensführung orientiert sich an der Morgenmeditation, dem makrobiotischen Kochbuch und dem astrologischen Kalender. Solch ein Umgang mit der neureligiösen Nachfrage würde jedoch den christlichen Glauben aus dem konkreten Leben an den Rand drängen.

Darum ist, auf der *Angebotsseite,* eine kritische Auseinandersetzung mit den neureligiösen Angeboten unumgänglich. Es hat sich gezeigt, daß neue Religiosität und New Age in der Tradition einer *nach*christlichen Religionsgeschichte stehen, die sich unter den Bedingungen der modernen Säkularität entwickelt hat. Nachchristlich sind diese Traditionen darum, weil sie gegenüber dem Christentum oder bestimmten christlichen Lehraussagen bereits eine negative Entscheidung getroffen haben, ohne daß das einzelne Mitglied sich dessen bewußt zu sein und diese Entscheidung mitzutragen braucht. In diesem »Angebotsbereich« muß die Kirche sich ihrer apologetischen Verantwortung im Sinne einer Unterscheidung der Geister bewußt werden. Vor allem gegenüber der New Age-Bewegung ist eine Unterscheidung zwischen dem berechtigten ökologischen und Friedensengagement und dem magisch-okkulten Aspekt erforderlich. In den erwähnten »Grundsätzen zur Apologetik« heißt es dazu: Die Apologetik prüft »die Antworten der Menschen daraufhin, in welcher Weise sie sich auf dieses Ziel (gemeint ist: das mit der Offenbarung gegebene Ziel) hin öffnen, es suchend anstreben oder sich dagegen abschließen und versperren. Das Bemühen der Apologetik will der Sehnsucht des Menschen Richtung und Ziel geben, zugleich soll sie Glaube von Unglaube und Irrglaube unterscheiden«. Diese Apologetik schließt den Dialog nicht aus, sondern fordert ihn geradezu.

Was den *Vertrieb* betrifft, so muß die Kirche unter Umständen auch zum Protest gegen fragwürdige Formen der Kommerzialisierung und des Machtstrebens neureligiöser Organisationen bereit sein. Hans Waldenfels hat mit Recht Dialog, Konkurrenz und Protest als drei Haltungen anderen Religionen gegenüber beschrieben. Es leuchtet unmittelbar ein, daß ein diözesaner Weltanschauungsbeauftragter in der Auseinandersetzung mit der rüden Vertriebsorganisation der Scientology-Kirche nicht den ganzen Tag mit der Konzilserklärung »Nostra aetate« unter dem Arm herumlaufen kann. Seelsorge, eine dialogische Apologetik und gegebenenfalls Protest sind darum unverzichtbare Aspekte der Auseinandersetzung mit dem neureligiösen Spektrum der Gegenwart.

8. Die Kirche zwischen Aufklärung und Romantik

Das Grundproblem der Kirche angesichts der neureligiösen Phänomene bleibt natürlich die Frage, wie sie mit dem Schwanken des modernen Menschen zwischen Aufklärung und Romantik, zwischen rationaler und okkulter Daseinsbewältigung – die ja trotz aller Gegensätzlichkeit auch

Gemeinsamkeiten aufweisen –, zwischen Säkularität und neu aufbrechender Religiosität zurechtkommt. Die Moderne hat dem menschlichen Geist seine Beheimatung im Kosmos geraubt und läßt ihn bei seiner Suche nach Sinn und Geborgenheit allein. Als Ersatz diente lange der neuzeitliche Fortschrittsglaube mit seinem Vertrauen auf die autonome Vernunft und auf technische Machbarkeit. Nachdem dieses Fundament der Moderne erschüttert ist, schwankt das geistige Klima zwischen abgründigem No-future-Pessimismus und euphorischem New Age-Optimismus, zwischen Vertrauen auf die Rationalität und Ausbrüchen des Irrationalismus hin und her.

Der christliche Glaube kann sich mit keinem von beiden identifizieren. Christen werden an der New Age-Ideologie vor allem das ablehnen, was im Grunde nur eine optimistische Fortschreibung des Programms der Moderne ist: Das naive Vertrauen auf das »neue Paradigma« und auf das »Systemdenken« der modernen Wissenschaft; und die Hoffnung, mit Hilfe von »Bewußtseinstechnologien«, d. h. von meditativen, psychologischen und okkulten Techniken, alle Probleme der Welt und des eigenen Lebens in den Griff bekommen und das goldene Zeitalter herbeiführen zu können. Alles das ist nur eine Fortsetzung des modernen Fortschrittsglaubens und Machbarkeitswahns mit anderen Mitteln. Es ist das alte Vertrauen auf noch unausgeschöpfte menschliche Potentiale – nun nicht mehr diejenigen der Rationalität, sondern der tieferen menschlichen Schichten.

Christen müssen sich von New Age und der neuen Religiosität aber auch an das erinnern lassen, was recht verstandene Ganzheitlichkeit ist: Mit Seele *und* Leib Christ sein; den eigenen Glauben verstehen *und* erfahren; Gott mit allen Kräften, auch denen des Gefühls, lieben; die Probleme des Lebens (und Sterbens) nicht allein technisch-rational, sondern religiös, vom Glauben her, angehen; Mitgefühl und Mitverantwortung gegenüber der ganzen Schöpfung entwickeln und die Welt als etwas begreifen, das größer und tiefer ist als unsere Vernunft zu erfassen vermag. Vielleicht würden die Religiösen christlicher sein, wenn die Christen religiöser wären.

Anmerkungen

* Erstabdruck in der Reihe »Kirche und Gesellschaft« der Katholischen Sozialwissenschaftlichen Zentralstelle Mönchengladbach, Nr. 151, Köln 1988.
1 *J. Sudbrack*, Neue Religiosität – Herausforderung für die Christen, Mainz 1987.

2 R. *Sachau*, Elisabeth Kübler-Ross: Über die Grenze des Todes hinaus? In: Materialdienst der EZW 50/1987, S. 313–323.

3 *Sh. MacLaine*, Zwischenleben, München 1984. Dazu *K.-F. Daiber*, Reinkarnationsglaube als Ausdruck individueller Sinnsuche. In: Im Angesicht des Todes, hg. von *H. Becker* u. a., St. Ottilien 1987, S. 207–227. *R. Hummel*, Reinkarnation, Mainz 1988.

4 *H. Hemminger* (Hrsg.), Die Rückkehr der Zauberer. New Age – Eine Kritik, Reinbek 1987. Zu den institutionalisierten Formen neuer Religiosität siehe *H. Waldenfels*, Neue religiöse Bewegungen (Kirche und Gesellschaft Nr. 125), Köln 1985.

5 *G. Vicedom*, Die Mission der Weltreligionen, München 1959; *R. Hummel*, Indische Mission und neue Frömmigkeit im Westen, Stuttgart 1980.

6 *M. Eliade*, Die Sehnsucht nach dem Ursprung, Wien 1973, S. 58f.

7 Zum gnostischen Charakter der neuen Religiosität vgl. den Beitrag von *H.-J. Ruppert*, in: »Rückkehr der Zauberer« (siehe Anm. 4), besonders S. 83ff.; Concilium H. 1/1983, S. 13ff. und 75ff.

8 *R. Stark & W. S. Bainbridge*, The Future of Religion, Berkeley u. a. 1985.

9 In deutscher Übersetzung veröffentlicht in der Werkmappe »Sekten und religiöse Sondergemeinschaften in Österreich«, Wien (Dokumentation 2/86).

10 Die neue religiöse Welle. Pastorale Hilfen zur Auseinandersetzung mit neuen religiösen Bewegungen außerhalb der Kirchen, Hamm 1985.

11 Abgedruckt als »Information 4/86« in der in Anm. 9 genannten Werkmappe.

12 Vgl. *R. Hummel*, in: Essener Gespräche zum Thema Staat und Kirche 19, hg. von *H. Marré* und *J. Stüting*, Münster 1985, S. 79ff.

Horst Bürkle

Die Idee vom »Neuen Menschen« in der New Age-Bewegung

Eine Herausforderung für das christliche Menschenbild

1. *Einleitung*

Überschaut man die verschiedensten Entwürfe und Denkansätze zum Thema »New Age«, so wird deutlich: Was hier in Erscheinung tritt, was sich ›an sich selbst zeigt‹, sind nicht manifeste Gestaltungen und Erscheinungsformen. Vielmehr haben wir es mit einer Vielfalt von Denkanstößen, Überzeugungen, selektiven Elementen aus unterschiedlichen religiösen Überlieferungen, dann aber auch wieder mit aktuellen Interessen wie feministischen Idealen, gewissen neo-darwinistischen Naturanschauungen oder tiefenpsychologischen Aspekten zu tun. Wir müssen uns darum bei unserem Versuch darüber im klaren sein, daß es sich um nicht mehr handeln kann als um eine schwerpunktmäßige und systematische Erhebung dessen, was uns an Aussagen über den Menschen hier in den unterschiedlichsten Facetten und dennoch mit dem Anspruch einer inneren Verwandtschaft begegnet.

Das im Thema in Anspruch genommene Prädikat »neuer Mensch« wurde in gewagter Analogie zur paulinischen Terminologie gewählt. Damit soll deutlich werden, daß sich mit den heterogenen Ansätzen der New Age-Bewegung so etwas wie der Anspruch auf eine Veränderung nicht nur bestimmter Verhältnisse und Umstände oder auch einzelner Verhaltensweisen des Menschen verbindet. Der Mensch selber ist der Zu-Verwandelnde. Gemeint ist nicht weniger als eine neue Qualität des Menschseins. Worin soll sie bestehen? Wie ist sie zu erreichen? Man kann die New Age-Bewegung unter verschiedenen Aspekten betrachten. So spielt etwa die Frage neuer innerseelischer Erfahrungsbereiche eine Rolle. Das Ganze hat aber auch eine gesellschaftliche Komponente. An die Stelle der »Leitsätze des alten Paradigmas der Macht und der Politik« sollen »Leitsätze des neuen Paradigmas der Macht und der Politik« treten (M. Ferguson). Es gibt ein neues Konzept für die Fragen der Wirtschaft und für den Umgang mit Technik. Was bisher ›Pädagogik‹ war, soll abgelöst werden durch neue Formen der Einübung in die Weisen der Selbstverwandlung auf dem Wege zur neuen

Existenz. Aber wo immer man auch ansetzt, wird man zurückverwiesen auf die Frage nach der Idee des Menschen, die hier zugrunde liegt.

Wir haben es bei der Bezeichnung »New Age« mit einem Sammelbegriff zu tun. »Neues Zeitalter« meint dabei wesentlich noch etwas anderes als eine neue Epoche. Aus welchen Gründen immer dieser Begriff neuerdings auch – so etwa von Fritjof Capra – in Frage gestellt und vermieden wird, er verweist auf eine für unser Thema grundlegende Orientierung. Unsere Frage nach der Anthropologie ist eingebettet in die umfassenderen Zusammenhänge eines angeblich heraufkommenden neuen Weltzeitalters. Anthropologie und Kosmologie liegen nach dem weithin übereinstimmenden Verständnis der ›Vordenker‹ der New Age-Bewegung ineinander und bedingen sich gegenseitig. Darum darf man – trotz jüngster Infragestellungen – diese Bezeichnung für die ganze Richtung wohl beibehalten.

2. Die Prädestination durch den Kosmos

Der zuletzt gegebene Hinweis bedarf der Erläuterung. Die Betrachtung dieses Zusammenhangs von Mensch – Menschheit – Kosmos steht deswegen am Anfang unserer Überlegungen, weil für das neue Menschenbild des New Age hier die eigentliche Motivation und Begründung liegt. Weder die individuelle noch die gesellschaftliche Ebene genügen, um dem wünschbaren Neuen den Rang des Notwendigen zu verleihen. Es bedarf einer ›Transzendenz‹, die das Einzelne in Richtung auf den das kosmische Ganze begründenden Zusammenhang überschreitet. Diese ›Transzendenz‹ aber muß wiederum dem Ganzen selbst immanent bleiben, darf also nicht als allem Sein vorausliegende und es begründende (»jenseitige«) Macht verstanden werden. Diese Funktion erfüllt in unserem Falle die Überzeugung, daß sich das Schicksal und die Bestimmung des Menschen sowohl wie auch der Menschheit im Ganzen, kosmischen Gesetzen folgend, erfüllt. Worauf es wesentlich ankommt, ist, sie zu erkennen und von ihnen sich bestimmen zu lassen. Die »Geburt eines neuen Menschen, einer neuen Schöpfung«, wie Anthony Brooke es formuliert[1], gewinnt ihren universalen, kosmischen Zusammenhang in der Heraufkunft des neuen Weltzeitalters. Es bedarf dazu keiner Prophetie. Die Einsicht in die Rhythmen kosmischer Erneuerung gewährt Wissen um die »Wendezeit« (F. Capra): »Wir sehen vor dem Ende des Jahrhunderts der Wahrscheinlichkeit eines Wandels des menschlichen Bewußtseins entgegen, das als notwendiges Vorspiel zum Eintritt in das Wassermann-

Zeitalter gehört. Viele Menschen beginnen eine vierdimensionale Sicht zu erleben. ... Wir müssen den Pfad zur Erlangung von Erkenntnissen der höheren Welt durch intuitive Selbstentwicklung finden. Das ist zweifellos die Bestimmung des modernen Menschen.«[2]

Von Weltenwende, von »planetarischer Kultur« (Spangler), von einem »Zeitalter der Erneuerung« (Mumford), von der »Wiederverzauberung der Welt« (Berman) und von ihrer »Neuerschaffung« (Muller) ist die Rede. Die »Zivilisation der Dritten Welle« (Toffler) ist Teil einer bevorstehenden großen Zeitenwende. Sie kann ebenso wie in ihren Begleiterscheinungen so auch ihrer Vorstellung nach unter Anleihen bei unterschiedlichsten Traditionen beschrieben werden: »Die Vision eines neuen Zeitalters besitzt viele Facetten. Sie kann als eine Vision von technologischem Fortschritt gesehen werden, als eine spirituelle Wiedergeburt, als ein Bündel von Strategien für persönliche und gesellschaftliche Transformationen, als ein Netzwerk von Individuen und Gruppen, die diese Strategien verwirklichen, als ein Bewußtseinszustand und sogar als eine göttliche Offenbarung.«[3]

So bunt das Bündel der Begleitphänomene dieser »Wende« ist, so eindeutig ist ihr die einzelnen Phänomene transzendierender Bedingungszusammenhang. Zu seiner Beschreibung kann anscheinend beliebig in die kosmologischen Traditionen auch der verschiedenen Religionen zurückgegriffen werden. Dabei kann es sich um Elemente aus der dem Hinduismus eigenen Weltzeitaltervorstellung handeln, nach der in bestimmter Ablauffolge in einem *kalpa* (*brahma*-Tag) *mahāyugas* und innerhalb ihrer wieder *yugas* aufeinander folgen. Die mit einem solchen Weltzeitalter festgeschriebene Qualität nicht allein der menschheitlichen Situation, sondern des Kosmos als ganzem, begegnet uns in den optimistischen Beschreibungen und Begleiterscheinungen des New Age wieder.

Der indische Hintergrund der Weltzeitalterlehre wird in der New Age-Literatur keineswegs immer explizit. Teilweise wird er auch gar nicht eigens namhaft gemacht. Für das Verständnis des »Neuen Menschen« jedoch ist diese integrale Betrachtungsweise entscheidend. Es kann sich nicht nur um einen Individualvorgang handeln, noch genügt die gesellschaftliche Komponente. Der kosmische Zusammenhang muß den Verlaufsprozeß legitimieren, der mit Notwendigkeit die neuen Bedingungen für die Menschheit heraufführen soll. Darum darf man m. E. die der Gesellschaftskritik entstammenden Motive nicht abgrenzen gegen bzw. aussondern von dieser kosmischen Komponente. Eine »esoterische Astrologie«[4], die um die geheimen, aber dennoch gesetzmäßig festliegenden Abläufe des Alls weiß, liefert hier den ›transgeschichtlichen‹ Rahmen und Begründungszusammenhang. Die Menschheitsgeschichte bestimmt sich danach aufgrund des Einwirkens unterschiedlicher »kosmischer Energien«. Man spricht von einer »Schlüsselenergie«, durch die sich die Qualitäten einzelner Äonen und menschheitsgeschichtlicher Epochen unterscheiden. Wir verzichten hier auf die astrologischen Details, durch die diese Abläufe näher bestimmt werden.

Die entscheidende Einsicht, auf die es uns bei der Frage nach dem »Neuen Menschen« ankommt, läßt sich kurz so formulieren: Der zwangsläufige Eintritt des Neuen sprengt den Rahmen alles persönlich oder gesellschaftlich Wünschenswerten oder Möglichen. Das Neue wird damit in den Rang kosmischer Gesetzmäßigkeit erhoben. Es gewinnt den Charakter eines unvermeidbaren Geschehens und damit quasi-eschatologische Züge. Die Veränderungen im Individuellen wie im großen Ganzen sind universal vorprogrammiert. Die Wende in das Glückhafte und in das Harmonische als der erfüllten neuen Zeit erhält den Rang eines kosmischen Schicksals. Sie ist im Sein selber vorgezeichnet. Der Mensch ist aufgerufen, im Wandel seines Bewußtseins dieser Zeitwende zu entsprechen und sie für sich in Geltung zu setzen. An die Stelle des in den monotheistischen Religionen und zumal im Christentum durch Gott verbürgten Schicksals des einzelnen wie auch der Zukünftigkeit der Welt und ihrer Vollendung tritt damit – den großen östlichen Religionen vergleichbar – das dem kosmischen Reigen eigene Weltgesetz. Zwei Zitate sollen den tieferen Begründungszusammenhang für den Neuen Menschen im Zusammenhang der Weltzeitalterlehre verdeutlichen: »Der Esoterik zufolge wird die Entwicklung der Menschheit durch diese zweitausendjährigen Epochen geprägt, der besonderen Eigenheit des jeweiligen Tierkreises entsprechend, ähnlich der von der Astrologie angenommenen individuellen Prägung bei der Geburt des Menschen. Wir stehen nun an der Schwelle des Übergangs vom Fische- in das Wassermann-Zeitalter. Mit dem Wassermann-Zeitalter wird die Chance zu einer neuen Humanität, einer Transformation der Gesellschaft, zu einer höheren Evolutions- und Bewußtseinsstufe der Menschheit verbunden.«[5]

Hier wird ein ungeheurer Anspruch auf Veränderung der Bewußtseinslage der Menschheit auf allen Gebieten unter Berufung auf das neue Weltgesetz erhoben. Marilyn Ferguson bekennt, daß sie, obwohl der Astrologie unkundig, durch den »Symbolgehalt dieses unsere Kultur durchdringenden Traumes in seinen Bann gezogen« wurde: »der Gedanke, daß wir nach einem dunklen, gewalttätigen Fische-Zeitalter eine Ära der Liebe und des Lichtes betreten ...«.[6]

3. Die Rolle der Weltanschauung

Zur Wende des Menschen von seiner alten zu seiner neuen Existenz gehört eine neue Sicht der Wirklichkeit. Sie wendet sich ab von der als »alt« und überholt erscheinenden »mechanistisch-kartesianischen Weltanschauung«. Sie erscheint als Ursprung einer ins Tödliche erstarrten, parzellierten und ins wesenslos Objekthafte verbannten Welt. Alle aus der heutigen technischen Zivilisation resultierenden ökologischen Probleme entspringen danach einer überholten Wirklichkeitsschau.

Hier hat die immer wieder erhobene Forderung nach dem sogenannten »Paradigmenwechsel« ihren Zusammenhang. Der Mensch, der sich verwandeln will, muß sich dazu einer neuen Sicht der Wirklichkeit bedienen. Worin besteht sie? Bei Fritjof Capra als einem physikalisch geschulten Vordenker der New Age-Bewegung liegt hier der Schwerpunkt. Die Einzelheiten seiner Auseinandersetzung mit dem nun einseitig negativ gedeuteten kartesianischen Denkmodell, dem alle bedauerlichen Folgen für die Gegenwart angelastet werden, brauchen uns in diesem Zusammenhang nicht weiter zu beschäftigen, ebensowenig wie die Denkmodelle moderner Nukleartheorien, denen die Beweiskraft für die ›Wissenschaftlichkeit‹ des neuen Paradigmas aufgelastet wird. So ausgestattet, wird es zum Verheißungsträger und zum Garanten der neuen Erfüllungshoffnungen. Die Weltbildfrage gewinnt damit eine soteriologische Dimension. »Es fehlt uns also ein neues ›Paradigma‹ – eine neue Sicht der Wirklichkeit; unser Denken, unsere Wahrnehmungsweise und unsere Wertvorstellungen müssen sich grundlegend wandeln. (...) Dieses neue Weltbild umfaßt das in Entstehung begriffene Systemverständnis von Leben, Geist, Bewußtsein und Evolution, die entsprechende ganzheitliche Auffassung von Gesundheit und Heilen, die Integration der abendländischen und der östlichen Auffassung von Psychologie und Technologie sowie eine ökologische und feministische Perspektive, die ihrem tiefsten Wesen nach spiritueller Natur ist und tiefgreifende Veränderungen unserer gesellschaftlichen und politischen Strukturen hervorrufen wird.«[7]

Die Kritik an einer einseitig rationalen, wissenschaftlich ausgerichteten Erfassung der Lebensbedingungen des Menschen führt zu dem Anspruch eines nicht weniger wissenschaftlich begründeten neuen Wirklichkeitsverständnisses. Seine integrale Betrachtungsweise wird legitimiert durch eine Systemschau, die dem nuklear-physikalischen Zusammenspiel der Atomkernteile mit dem Ganzen entnommen wird. Was jetzt primär interessiert, ist ein »unteilbares, dynamisches Ganzes«. In ihm steht jedes einzelne mit allem übrigen in Wechselbeziehungen. Eine evolutionäre

Eigendynamik verleiht dem Prozeß seine innere Fortschrittsgarantie. Das neue Paradigma, physikalisch abgesichert, wird so zur Formel für das Ganze.

Das neue Selbstverständnis des Menschen – dies gilt es im Sinne eines inneren Widerspruchs festzuhalten – verdankt sich und gründet auf einem Denkmodell neuerer Physik in einem ihrer Sonderforschungsgebiete. Daß dieses Modell keineswegs in der Physik auf alle anderen Bereiche Anwendung findet und finden kann, sei hier nur am Rande angemerkt. Die Gesetze der Mechanik etwa sind damit generell keineswegs außer Kraft gesetzt. Der Anspruch der Modellvorstellungen im Kernbereich auf alle anderen Bereiche wird nicht einmal innerhalb der Physik selber abgedeckt. Er hat auch hier partielle Bedeutung. Von seinen großen Entdeckern wurde ihm in aller Selbstbescheidung seine Denkmodellfunktion für diese Abläufe belassen und jede verallgemeinernde Grenzüberschreitung vermieden.

4. Die Transformation des neuen Paradigmas ins Religiöse

Hier setzt nun ein für den Religionswissenschaftler interessanter Übergang zur physikalisch-religiösen Synopse ein. Der neue Mensch soll sich in der ihn bestimmenden, veränderten Wirklichkeitsschau nicht nur auf ein bestimmtes Denkmodell der Kernphysik gründen. Zum Anspruch wissenschaftlicher Gültigkeit tritt der Versuch einer Legitimation aus der Religionsgeschichte. Während das abgelegte kartesianische Denken des ›alten Menschen‹ weitgehend der abendländisch-christlichen Denktradition angelastet wird, wird das jetzt in Anspruch genommene neue Denken in das Licht alter chinesischer Weisheit gerückt. Einzelne Grundgedanken des Taoismus ermöglichen die erforderliche Grenzüberschreitung vom wissenschaftlichen Paradigma zu einer umfassenden religiösen Gesamtschau.

Welche Elemente sind es, die hier – zunächst im Blick auf den chinesischen Universismus, dann aber auch in bezug auf die indischen Religionen – zur metaphysischen Überhöhung der naturwissenschaftlich geltend gemachten Einsichten dienen? Ich halte mich dabei an die Formulierungen, mit denen F. Capra diese Elemente formuliert. Dem evolutionistischen Prozeß kontinuierlicher Veränderung des neuen Bewußtseins bietet sich im Blick auf chinesische taoistische Vorstellungen das Prozeßhafte »kontinuierlichen Fließens und Wandels« an.[8] Von Interesse ist ferner, daß das Universum einem »fundamentalen Rhythmus« unterliegt. Das

»dynamische Wechselspiel der beiden archetypischen Pole« (Yin und Yang) entspricht – so muß man folgern – dem innernuklearen Wechselspiel der Teilchen in ihrer Zuordnung zum Ganzen. Das Gleichgewicht der Kräfte, in dem alle Naturerscheinungen als »Manifestationen eines kontinuierlichen Kräftespiels zwischen den beiden Polen« sich darstellen, wird zur religiös sanktionierten Grundformel für Harmonie.

Mit dem chinesischen Gegensatzpaar Yin und Yang verbinden sich weitere Elemente, die für die Bewußtseinsbildung des neuen Menschen relevant erscheinen: das für die feministische Komponente der neuen Bewußtseinsbewegung erwünschte Korrektiv wird nun ebenfalls dem Gegensatzpaar von Yin und Yang entnommen. Der chinesischen Tradition wird die erst in neuerer genetischer Forschung erhobene Erkenntnis zuerkannt, daß sich wechselseitig männliche und weibliche Gene in unterschiedlicher Verteilung bei beiden Geschlechtern finden. »Die Persönlichkeit jeden Mannes und jeder Frau sei nicht eine starre Einheit, sondern ein dynamisches Phänomen, ein Ergebnis des Zusammenspiels von weiblichen und männlichen Elementen.«[9]

Dem chinesischen Denken werden bereits alle Grundlagen für ein emanzipatorisches Verhalten der Frau zugesprochen. Umgekehrt wird die Geschichte abendländischen Denkens als eine in düsteren Farben erscheinende patriarchale Geschichte der einseitigen Dominanz des Männlichen gemalt. Sie ging »Hand in Hand mit der Ausbeutung der Natur«: »Die Anschauung, daß der Mann die Natur und die Frau beherrschen soll, und der Glaube an die überlegene Rolle der Vernunft wurden gestützt und ermutigt von der jüdisch-christlichen Tradition, die dem Bilde eines männlichen Gottes, der Personifizierung der höchsten Vernunft und Quelle allerhöchsten Macht, huldigt, eines Gottes, der die Welt von oben regiert, indem er ihr ein göttliches Gesetz auferlegt. Die von den Naturwissenschaftlern gesuchten Naturgesetze galten als Spielregeln dieses göttlichen Gesetzes, als von Gott geschaffen.«[10]

In dieser Inanspruchnahme – in diesem Falle chinesischer-religiöser Traditionsstücke – für die aktuell geforderte neue Bewußtseinsveränderung liegt ein wichtiger Hinweis auf die Rolle, die die Religion im Rahmen des »neuen Menschen« und seiner Bewußtwerdung spielt. Man müßte die Entwicklung der chinesischen Religionen geradezu von ihren Wurzeln abschneiden, wollte man unter Absehung von der konfuzianischen Ordnungstheologie auch im Blick auf die religiös sanktionierte Rolle der Geschlechter hier ein Bild von einer der modernen Frauenbewegung eingepaßten Vorstellung von der Rolle des Yin gewinnen wollen. Gerade China kennt – und dies steht nicht im Gegensatz zum Universismus des Tao –

von Hause aus eine definitive religiöse Bestimmung nicht nur der Rolle der Geschlechter, sondern seiner gesellschaftlichen Strukturen überhaupt. Als ein weiteres Beispiel für die Transformation des neuen Paradigmas in die religiöse Dimension wähle ich ein Beispiel aus George Trevelyans Band »unternehmen erlösung«. Bei ihm wird die mit dem neuen Zeitalter anbrechende verwandelte Menschheitssituation durch die Formel von dem »kosmischen Christus« mit Interpretationselementen aus dem Christentum bestimmt. »Das Heraufkommen des Neuen Zeitalters kündigt sich durch ein spirituelles Erwachen an. Dabei besteht ein Unterschied zu dem, was man gemeinhin unter ›religiöser Erweckung‹ versteht.« (...) Doch ist diese breite Bewegung durchaus religiöser Natur, insofern sie ein Gewahrwerden der überwältigenden Einheit allen Lebens in seiner unendlichen Vielfalt darstellt. Teil dieses »Gewahrwerdens« ist eine seherische Vorausschau auf die neue Evolutionsstufe der Menschheit am Ende unseres Jahrhunderts. Entscheidend für diese höhere Entwicklungsstufe ist die »Erweiterung des Bewußtseins« des Menschen, »so daß es umfassendere Dimensionen der Wirklichkeit erfaßt, wird es doch immer klarer, daß unser erdgebundenes Bewußtsein keineswegs die einzige Stufe darstellt, die der Geist des Menschen erfahren kann«.[11]

Die uns hier begegnenden Vorstellungen von einer nicht mehr »erdgebundenen« neuen Bewußtseinsstufe des Menschen sind keineswegs original. Man fühlt sich an klassische gnostische Systeme erinnert. Theosophisches und anthroposophisches Entwicklungsdenken leuchtet durch. Sri Aurobindo würde sich in manchen seiner Gedanken hier wiederfinden. Wir lassen diese Vergleiche beiseite. Was uns hier interessiert, ist die Transposition dieser Geistentfaltung des Menschen in die Kategorie der Religion, genauer: in die vermeintlich eigentliche Gestalt christlicher Offenbarung.

Einheit mit allem Sein ist die Formel, mit der sich die »wunderbare Transformation der Menschheit«, eine »Öffnung für neue Dimensionen des Bewußtseins, die dem Eintritt in ein neues Goldenes Zeitalter gleichen«, verbindet.[12] Für solche Schau des Ganzen in seiner entfalteten Vielfalt läge upanishadische Weisheit aus indischer Tradition näher als die biblisch so nicht belegbare Inanspruchnahme eines »kosmischen Christus«. Er wird zur Chiffre für einen »Impuls«, dessen das »Neue Zeitalter« bedarf. Worin besteht nun dieser menschliches Bewußtsein erweiternde Impuls? Er ist Einsicht in die Einheit des Ganzen: »Seine Kosmologie beruht stets auf der Gewißheit, daß hinter allen Manifestationen der Vielfalt der relativen Welt die Einheit der schöpferischen Intelligenz und des Geistes steht, die göttliche Quelle.«[13]

Die neue Gnosis gipfelt in einer kosmischen Schau.[14] Der Mensch bleibt nicht nur im Zentrum dieser das Neue heraufführenden Bewußtseinsweitung. Er selber ist das Medium, durch das hindurch sich die Evolution »ihrer selbst bewußt wird«.[15] Bewußtwerdung im Sinne des neuen Zeitalters gewinnt damit soteriologische Qualität. Der Mensch im Übergang vom alten zum neuen Bewußtsein wird als Träger dieses Vorgangs selber zum *Sotär*, zum Erlöser. Darum kann gesagt werden, »daß das dem Menschen innewohnende Leben ewig ist, ewig wie alle Leben, und daß die Seele des Menschen so unsterblich ist wie Gott es ist«.[16] Die häufigen Rekurse auf Texte des Neuen Testamentes machen ebenso wie Zitate aus den indischen heiligen Schriften deutlich, daß hier die Urkunden der einzelnen Religionen lediglich religiöse Legitimierungsfunktion für einen evolutionistischen menschlichen Bewußtwerdungsprozeß übernehmen. Sie werden in ihren spezifischen Inhalten und damit in den sie unterscheidenden Heilsverständnissen so wenig unterschieden wie in ihrem religiösen Selbstverständnis als solchem. Gerade darin aber sind sie – um eine Kategorie Rudolf Ottos hier zu verwenden – *totaliter aliter* als jede Vision von einem sich universalisierenden neuen menschlichen Bewußtsein und seinen unbegrenzt erscheinenden Erweiterungsmöglichkeiten. Deshalb werden die charakteristischen Profile und Heilsaussagen einer Religion eingeebnet – jenem Bottich gleich, in dem nach buddhistischem Verständnis in gänzlich anderem Sinne die Erleuchtung auf dem achtfachen Pfade zum Heile bestimmte religiöse Vorstellungen und Anschauungen überflüssig erscheinen läßt. Aber auch der Buddhismus wird hier seiner spezifischen Heilsvorstellungen entleert und in den auch ihn umgreifenden Bewußtseinszustand des ›neuen Menschen‹ integriert. Dieses alles deckt die Formel »kosmischer Christus«: So kann der »esoterische Kern des Islam« tatsächlich das Wissen vom »kosmischen Christus« lehren. Buddha wirkt »heute in enger Verbindung mit Christus für die Erlösung der Menschheit (...). Es kommt nicht darauf an, welchen Namen wir dafür finden. Wir sind vereinigt in der Erkenntnis und Anbetung des Herrn des Lichtes«.[17]

Mit der Formel für das Ganze macht man sich religiösen Stiftungsgrund zu eigen – in diesem Falle christlichen. Er dient dazu, die Grenzüberschreitung der Bewußtseinstheorie religiös zu überhöhen und ihre Legitimation zu ermöglichen. Die Religionswissenschaft sowohl wie die Vertreter der einzelnen Religionen werden gut daran tun, diesen Vorgang einer nachreligiösen oder auch quasi-religiösen Überhöhung geschichtlich gewachsener und ihrem eigenen Anspruch verpflichteter Religionen aufzuweisen als das, was er ist: Die Transformation eines Paradigmas in den Rang des Religiösen.

5. Erwachen und Neuwerdung – der Prozeß der Transformation

Der Wandel vom ›alten‹ zum ›neuen‹ Menschen verläuft prozeßhaft. Er wird befördert durch unterschiedliche Methoden. Sie können psychotechnischer Art sein, aber auch der Vielfalt meditativer Praktiken, wie sie von Hause aus im größeren Kontext einer bestimmten Religion eigen sind, entnommen sein. »Die Metapher für das neue Leben ist immer wieder das Erwachen.«[18] Der Zustand des Menschen vor der Bewußtseinsänderung wird mit einer schlafwandlerischen Daseinsweise verglichen. Man kann hier durchaus – allerdings in anderer Bedeutung – die Heideggerschen Begriffe von der ›eigentlichen‹ und der ›uneigentlichen Existenz‹ anwenden. Im Lichte dessen, was der zu neuem Bewußtsein erwachte Mensch wahrnimmt, erscheint sein bisheriges Leben als im Dunkel der Nacht verschlafene Zeit. Die Aussage des Psalmisten »dann werden wir sein wie die Träumenden«[19] wird hier in umgekehrter Weise verwendet. Der zum neuen Bewußtsein Gekommene ist nicht einer, der von Gottes geschichtlichem Wirken überrascht wird und es wie einen Traum erlebt. Die Welt mit ihren Gegebenheiten erscheint dem Erwachenden in einem anderen Licht. Er staunt nicht über eine ihm im Glauben eröffnete *kainä ktisis*. Also nicht von der Objektivität der durch Gott gewirkten neuen Wirklichkeit her kommt es zu einem *tremendum et fascinans* (R. Otto). Grund des Staunens ist sein eigenes Wachwerden. »Und genauso wie wir uns nach dem Erwachen wundern, daß wir die Welt der Träume für Realität gehalten haben, genauso sind jene, die eine erweiterte Bewußtheit erfahren, überrascht, daß sie sich selbst für wach hielten, während sie bloß schlafwandelten.«[20]

Der normale Zustand des Menschen erscheint hier als eine Art Schläfrigkeit. Erst die Qualität der Aufmerksamkeit verleiht ihm die Möglichkeit, seine Art Halbschlaf zu beenden und in das helle Licht des Tages zu treten. Das der Neuwerdung des Menschen vorausgehende Wachwerden wird nun seinerseits mit einer Symbolsprache umschrieben, wie sie ihren Ort in den Religionen hat. Der Erwachende erlebt sich als neu zum Leben Gekommener: »Wir haben tot im Schoß gelegen – wir waren noch nicht geboren.«[21] Der Übergang vom alten zum neuen Bewußtsein – auch darin wird der quasi-religiöse Charakter der Deutung dieses Vorgangs deutlich – wird als Wiedergeburtsgeschehen ausgelegt. Der neue Mensch ist der Zweitgeborene. Man fühlt sich dabei unmittelbar an die dem brahmanischen Selbstverständnis eigene Bestimmung erinnert. Daneben werden Anklänge an die dem christlichen Mysterium der Wiedergeburt eigenen Vorstellungen in Anspruch genommen. Hier dürfte der in der Lehre und

Praxis der Kirche Aufgewachsene und ihr Entfremdete den höchsten Grad verstehender Aufmerksamkeit aufweisen: Das Erwachen des Bewußtseins ist danach als ein initiatorischer Akt vorgestellt, der – dem sakramentalen Vollzug der Hl. Taufe als mit Christus Sterben und Auferstehen entsprechend – vom Tod ins Leben bringt. Ungeborensein, »tot im Schoß gelegen« und nun unter Zuhilfenahme unterschiedlicher ›mäeutischer‹ Entbindungshilfen zum Leben gekommen – mit solchen Metaphern wird ein Zustand neuer Bewußtwerdung in den Rang eines religiös-sakralen Geschehens erhoben. Der entscheidende qualitative Unterschied kommt dabei nicht mehr zum Ausdruck: Das religiös-sakramentale Handeln Gottes *am* Menschen einerseits und der hier gemeinte Übergang von der einen zur anderen Bewußtseinsstufe *im* Menschen.

Die solche wesentliche Differenz und Andersartigkeit außer acht lassende Sprache wird auch an einem anderen Beispiel für den gewandelten Bewußtseinszustand deutlich. Das »Wunder unseres Bewußtseins« – gemeint ist damit der neue Zustand des Erwachtseins – wird in Analogie zur paulinischen Bildrede zur Verdeutlichung des Übergangs vom Glauben zum eschatologischen Schauen beschrieben: »Der Apostel Paulus drückte dies[22] folgendermaßen aus: Wir sehen jetzt durch einen Spiegel in einem dunklen Wort, dann aber von Angesicht zu Angesicht. Jetzt erkenne ich's stückweise, dann aber werde ich erkennen, gleichwie ich erkannt bin (1 Kor 13,12).«[23] Die Voraussetzung für den Übergang von der Erkenntnis durch den Glauben an das geoffenbarte Wort zur unmittelbaren Anschauung liegt für Paulus in der neuen Zustandsbeschreibung »von Angesicht zu Angesicht«. Daß sich die Erkenntnisart auf seiten des Menschen ändert, ist die Folge einer für ihn durch Gott veränderten Verfassung und Seinsweise. Nicht seine ›Aufmerksamkeit‹ läßt die alte Situation für ihn im Lichte eines neuen ›Bewußtseins‹ erscheinen. Umgekehrt: aufgrund der von Gott als Grund allen Seins heraufgeführten Vollendung und Heimholung seiner Geschöpfe wird es eine neue Weise unmittelbarer Gottesschau geben. Alle echte religiöse Mystik ist in diesem Sinne immer Antizipation einer noch ausstehenden endgültigen Schau. Aber sie ist es eben unter den Bedingungen dieser zeitlichen und räumlichen Existenz, »durch einen Spiegel«, wie die Bildrede des Apostels sagt. Darum eignet ihr der Charakter eines Mysteriums, eines noch im Verborgenen Geschauten an.

Für den ›neuen Menschen‹ der das Bewußtsein verändernden New Age-Bewegung verhält es sich umgekehrt. Das unerleuchtete, oder in der New Age-Sprache genauer formuliert: das unveränderte Bewußtsein ist die Folge einer verschleierten Sichtweise. Mit anderen Worten: es geht um eine perspektivische Korrektur. Die Welt und die Menschen anders sehen, bedeutet zugleich, sie zu verändern. Auch hier ist die Relation von Teilen zum Ganzen von grundlegender Bedeutung. »Unser Gefängnis ist unser Zerstückeln der Welt, unser Kontrollieren, unsere verzerrte Aufmerksamkeit – das Planen, das Sich-Erinnern, jedoch nicht das Sein.«[24] Die neue Aufmerksamkeit ist darum in sich das weltversöhnende, heilende Faktum. Indem ich in neuer Aufmerksamkeit die Teile perspektivisch wieder im Ganzen sehe, erfüllen sich alle Träume, die ich im Blick auf den neuen Menschen und seine bessere Welt träume. Neugeburt wird damit zu einer Konsequenz menschlichen Bewußtseins. Die neue Bewegung ist vom Kern ihrer sie verbindenden Gemeinsamkeit aus betrachtet die Summe derjenigen, die – je für sich – ihr ›inneres Auge‹ so eingestellt haben, daß Mensch und Welt anders erscheinen, als sie jetzt erfahren werden. Noch einmal – und darin sollte man die Bestimmung dieses ›neuen Menschen‹ ganz ernst nehmen –: Nicht das Sein selber, also nicht die Wirklichkeit, in der wir leben und die uns mitbestimmt, sondern unsere Betrachtung derselben ist das »Gefängnis«, aus dem sich der Mensch durch seinen Bewußtseinswandel entläßt. An diesem entscheidenden Punkt wird für das Verständnis der Transformation des alten in den neuen Menschen etwas deutlich: Wir haben es hier im Gegensatz zum Heilsverständnis, wie es uns jüdisch-christlich und islamisch, aber auch in den meisten anderen religiösen Traditionen und ihren gegenwärtigen Erscheinungsformen begegnet, mit einer in das Religiös-Soteriologische überhöhten Autonomie menschlicher Bewußtseinszustände zu tun. Vieles daran zeigt den religiösen Erfahrungen verwechselbare Begleiterscheinungen: Ekstatisches Erleben, innere Schau, asketische Übungen, ›überweltliche‹ esoterische Erfahrungen – dieses und manches andere scheint an die religiöse Kategorie des ›Ganz Anderen‹ (R. Otto) zu rühren. Allzumal die Sprache, deren sich die Literatur zur Beschreibung des alten und des neuen Menschen bedient, macht schier uneingeschränkten Gebrauch von der in den Religionen und vornehmlich im Christentum vorgeprägten und religiös spezifisch gefüllten Begrifflichkeit.

Alle apologetisch gut gemeinten Versuche[25], die New Age-Bewegung als eine neue Spielart zeitgemäßer Christlichkeit in unterschiedlichen Formen und Erfahrungsbreiten zu interpretieren, können ihr im Kern ihres Selbstverständnisses darum nicht gerecht werden. Vieles Sympathische und Positive an den vom neuen Bewußtsein erkannten Werten und Zielen wird aus christlicher Sicht zu würdigen sein. Darin liegt kein Unterschied zu anderen humanitären, auf die wahre Bestimmung des Menschen hindeutenden und um seine Veränderung zu vollerem Menschsein bemühten Bewegungen dieser und früherer Menschheitsepochen. Dies aber darf nicht um den Preis geschehen, daß man der neuen Bewußtseinsbewegung zuschreibt, was sie nicht ist und was sie nicht sein will. Sie ist Auf- und Ausbruchsbewegung im Namen der und mit den dem Menschen eigenen Möglichkeiten aus einer Situation, in der ihm die Zugänge des Glaubens zu der im verborgenen göttlichen Wirken verbürgten neuen Wirklichkeit verschlossen scheinen.[26] Der Appell an das neue Bewußtsein erscheint wie eine letzte, in dieser Situation noch übriggebliebene Möglichkeit. Die Flucht von Raum zu Raum durch den geschlossenen Palast seiner anscheinend unausweichlich gewordenen Autonomie, um eine Metapher Kafkascher Symbolsprache aufzunehmen, führt ihn im letzten Stadium zu sich selber zurück. Das frühe, vorchristliche *gnoti s'auton* muß nun als neue Bewußtwerdung die ganze Last der Befreiung übernehmen. Aber dazu muß es erst die Grenzen des menschlichen Selbst sprengen und die Wirklichkeit als ganze in das Licht einer neuen Betrachtung rücken. Vom Wesen der Religion und seinem Verständnis aus ist die neue Aufbruchsbewegung mit ihrer Idee eines ›neuen Menschen‹ in das breite Spektrum außer- und in diesem Falle auch nach-religiöser Heilssuche einzubeziehen, was im übrigen auch ihrer Selbstdarstellung entspricht. In christlicher Sicht begegnen wir in der New Age-Bewegung den eindrücklichsten Signalen eines Bewußtseins um die Erlösungsbedürftigkeit von Mensch und Welt und zugleich einer imposanten Aufbruchsentschlossenheit aus dieser Situation. Aber unser Beeindrucktsein darf nicht über die Tatsache hinwegtäuschen, daß mit dieser Aufbruchserfahrung der göttlichen Befreiung *extra hominem* der Abschied gegeben wird, deren es in dieser Situation letztlich bedarf.

Anmerkungen

1 G. *Trevelyan*, Eine Vision des Wassermann-Zeitalters. Gesetze und Gründe des »New Age«, München 1984, S. 89.
2 *Ders.*, unternehmen erlösung. hoffnung für die menschheit, Freiburg 1983, S. 100.
3 D. *Spangler*, Rebirth of the Sacred. Zit. bei *Chr. Schorsch*, Die New Age Bewegung. Utopie und Mythos der Neuen Zeit, Gütersloh 1988, S. 20.
4 *Chr. Schorsch*, ebd. S. 142.
5 Das New Age Buch: Bewußtseinswandel in Wirtschaft, Politik, Erziehung, Psychologie, Physik, Biologie, Medizin, Grenzwissenschaften, Philosophie, Musik und Kunst, Mainz 1986, S. 152.
6 M. *Ferguson*, Die sanfte Verschwörung. Persönliche und gesellschaftliche Transformation im Zeitalter des Wassermanns, München 1982, S. 22.

7 *F. Capra*, Wendezeit. Bausteine für ein neues Weltbild, Bern, München, Wien 1984, S. 10 f.

8 Ebd., S. 32.

9 Ebd., S. 33.

10 Ebd., S. 38 f.

11 *G. Trevelyan*, unternehmen erlösung, Freiburg 1983, S. 34.

12 Ebd., S. 27.

13 Ebd., S. 39.

14 Bei *Richard Maurice Bucke* wurde dafür schon zuvor der Begriff »Cosmic Consciousness« verwendet.

15 *G. Trevelyan*, a.a.O. (Anm. 11), S. 35.

16 *R. M. Bucke*, zit. bei *G. Trevelyan*, a.a.O. (Anm. 11), S. 35.

17 Ebd., S. 52.

18 *M. Ferguson*, a.a.O. (Anm. 6), S. 111.

19 Psalm 126, 1.

20 *M. Ferguson*, a.a.O. (Anm. 6), S. 111.

21 Ebd.

22 Gemeint ist damit das »Wunder unseres Bewußtseins«.

23 *M. Ferguson*, a.a.O. (Anm. 6), 111.

24 Ebd.

25 Vgl. in diesem Zusammenhang *G. Schiwy*, Der Geist des neuen Zeitalters. New Age-Spiritualität und Christentum, München 1987.

26 *Reimar Lenz* hat in seiner Bestimmung des »geistesgeschichtlichen Ortes der Konzeptionen des Überbewußten« diese Genesis des neuen Bewußtseins schlüssig beschrieben: »Seit einigen Jahren begegnen uns in der weltanschaulichen Literatur einige Termini, die das Versprechen enthalten, es gebe eine höhere Form von Bewußtsein, die über das gewöhnliche Alltags-Bewußtsein der Menschen weit hinausreiche, sozusagen ein ›kosmisches‹, ›integratives‹, ›supramentales‹ oder kurz ein Über-Bewußtsein, einen ›Overmind‹ oder eine ›Oversoul‹ (...). Der Begriff des ›Überbewußtseins‹ entstand ... nach einer gewissen Säkularisierung und Entmythologisierung der Religion. Die Konzeptionen eines ›Überbewußtseins‹ sind vom Menschen her gedacht, der (...) übermenschliches, über-alltägliches Bewußtsein erlangen könne. Aber die Realität des Überbewußtseins setzt beim Menschen als Menschen an. Der Terminus ›Überbewußtsein‹ und seine Verwandten finden Verbreitung seit den letzten Jahrzehnten, in einer Zeit also, da man nicht mehr vom göttlichen Wesen oder Bewußtsein des Menschen sprechen mag, aber andererseits mit der Immanenz des bloß Humanistischen und Aufklärerischen nicht mehr zufrieden ist, sondern einen Überschuß an Bewußtseinspotenz und Rätselhaftigkeit des Menschen konstatieren möchte: Über-Bewußtsein«. (*R. Lenz*: Konzeptionen des Überbewußtseins, in: *P.-M. Pflüger* (Hrsg.), Religiöse Erfahrung im Ausbruch aus den Traditionen, Stuttgart 1976, S. 49).

Rupert Hofmann

Rebellion gegen das Bestehende

Alternative Politik im Zeichen der »Neuen Religiosität«

Den folgenden Überlegungen liegt die These zugrunde, daß es sich bei den verschiedenen Erscheinungsformen der gegenwärtig immer stärker um sich greifenden sogenannten Neuen Religiosität mit der New Age-Bewegung als ihrer Speerspitze um nichts eigentlich Neues, sondern lediglich um Metamorphosen innerhalb eines umfassenderen Prozesses handelt, der seit dem Hervorbrechen westlicher Kulturrevolution Mitte der sechziger Jahre nicht mehr zur Ruhe gekommen ist. Diese Kulturrevolution aber ist in ihrem Kern der Ausdruck eines Utopismus, bei dem es nur in zweiter Linie darauf ankommt, in welchem Gewande er auftritt, sei es nun rot, grün, »bunt« oder eben neuerdings im Sternzeichen des Wassermanns aquamarinblau. Unter Utopismus ist dabei eine Weltanschauung zu verstehen, die sich von der quasi-religiösen Gewißheit nährt, daß ein künftiger gesellschaftlich-politischer Idealzustand durch gehörige Anstrengung menschlicher Kräfte tatsächlich hervorgebracht werden könne. Der kulturrevolutionäre Utopismus nahm bekanntlich zuerst eine rote Färbung an. Seine Vordenker waren Philosophen wie Ernst Bloch und Herbert Marcuse, um nur diese zu nennen. Sie waren es vor allem, welche die im Marxismus verborgenen utopischen Elemente erneut ans Licht beförderten, vor allem Marxens heilsgeschichtlich motivierte Grundüberzeugung von der künftigen totalen Versöhnung des Menschen mit sich selbst.[1]

Nach Bloch leben wir in einer Welt des »Noch-Nicht«, einer Welt, die indessen eine verborgene Tendenz auf das »Alles« hin hat, nämlich auf ein irdisches Paradies als den Endzustand der Geschichte. Bloch ist sich bewußt, daß die geltenden Regeln des wissenschaftlichen Denkens diese Vision nicht zu stützen vermögen, wohl aber die Phantasie, die künstlerische Eingebung und der Enthusiasmus.[2] Folglich bilden auch nicht vorfindliche natürliche und soziale Gegebenheiten, sondern die Wunschträume der Menschheitsgeschichte das Substrat seiner Spekulationen, für welche aber desungeachtet der Anspruch auf Gewißheit erhoben wird. Für Bloch enthält der Umstand, daß etwas erhofft wird, bereits die Gewähr, daß es auch erreichbar ist.[3]

Herbert Marcuse stellt der bestehenden angeblich durch und durch »repressiven Gesellschaft« die konkrete Utopie einer Gesellschaft gegenüber, die nach einem bekannten englischen Wortspiel nicht auf das »nowhere« (Nirgendwo), sondern auf das »now, here« (Hier und Jetzt) ausgerichtet ist nach der Devise: »Wir fordern alles, und zwar subito«. Es ist die Vision einer Gesellschaft, in der es keinerlei Zwänge des Mangels mehr gibt, in der die Arbeit abgeschafft ist, die keine Existenzsorgen kennt, in der jeder frei ist »vom täglichen Kampf ums Dasein, davon, sich seinen Lebensunterhalt verdienen zu müssen«, in der »jede Art von Askese, die gesamte Arbeitsdisziplin« überholt ist, in der Arbeit und Spiel, Technik und Kunst zusammenfallen.[4] Dazu ist freilich nach Marcuse eine »lang andauernde Kulturrevolution« vonnöten, wobei es um »die Zersetzung des bestehenden Systems« als »Vorbereitung jeder ... qualitativen Veränderung« der Gesellschaft geht, denn bei alledem wird vorausgesetzt, daß das »politische Dasein« des Menschen »den Kern seines gesamten Daseins« ausmacht.[5]

Während nun der Utopismus Blochs in besonderem Maße auf die verschiedenen Strömungen politischer Befreiungstheologien gewirkt, ja diese überhaupt erst ermöglicht hat, findet der Utopismus Marcuses vor allem in der Alternativ- und New Age-Bewegung seine Fortsetzung. Marcuses »romantisierender Anarchismus«[6] stellt so das Bindeglied dar zwischen dem marxistischen Utopismus der ersten Phase der Kulturrevolution und dem mystischen Utopismus des »Neuen Zeitalters«.

1. Die Politisierung der New Age-Bewegung

Auf den ersten Blick sieht es freilich so aus, als habe New Age mit Politik nichts zu schaffen. In diesem Sinne hat z. B. Hans A. Pestalozzi in Anspielung auf eines der Kultbücher der New Age-Bewegung die darin propagierte sogenannte »sanfte (eigentlich: aquarianische) Verschwörung« als »sanfte Verblödung« verspottet. Er macht den Verkündern des New Age zum Vorwurf, daß sie die Machtfrage verdrängten. Zwar sei in der New Age-Literatur viel von Macht die Rede, jedoch sei eine Macht, die angeblich aus einem geheimnisvollen Zentrum im Innern des Menschen fließe, keine wirkliche Macht.[7] An die Stelle einer »sanften Verschwörung« habe daher eine von Pestalozzi so genannte »positive Subversion« zu treten.

Verblüffenderweise ist nun auch Fritjof Capra selbst, unbestrittener Vordenker der New Age-Bewegung, neuerdings mit einer ähnlichen Behauptung hervorgetreten. Der New Age-Bewegung, die in Amerika Ende der siebziger Jahre ihren Höhepunkt gehabt habe, habe typischerweise die Analyse der Macht gefehlt. »Wenn Sie Marilyn Ferguson lesen, werden Sie das deutlich bemerken.«[8] Die in den USA im Zusammenhang mit der »Human-Potential-Bewegung« entstandene neue Bewegung erscheine heute zu irrational und vor allem zu unpolitisch. Diese apolitische New Age-Bewegung gebe es jetzt nicht mehr. Sie habe sich indessen zu einer kohärenten Weltanschauung weiterentwickelt, die zunehmend den »realen Umgang mit Macht auf demokratischem Wege« praktiziere.[9] Capra lehnt inzwischen die Bezeichnung »New Age« überhaupt ab und bevorzugt statt dessen in Anlehnung an Arnold Toynbee als Etikett für die von ihm allenthalben diagnostizierte neu entstehende gesellschaftliche Kraft den Ausdruck »aufsteigende Kultur«.

Dahinter verbirgt sich für Capra ein Wandlungsprozeß im Sinne des Zusammenfließens verschiedener sozialer Bewegungen. In den siebziger Jahren sei das New Age in Kalifornien »vor allem von der humanistischen Psychologie, der sogenannten ›Human-Potential-Bewegung‹ und der Bewegung zur Ganzheitlichen Gesundheit propagiert« worden. Dazu habe es ein »starkes Interesse an Esoterik und sogenannten ›übersinnlichen‹ oder ›paranormalen‹ Phänomenen« gegeben. In der Bundesrepublik sei die »aufsteigende Kultur« hingegen aus »der Studentenbewegung und deren marxistischer Gesellschaftskritik, der Friedensbewegung, der Frauenbewegung und anderen durchaus politisch orientierten Basisbewegungen« entstanden. Später sei die grüne Bewegung und parallel dazu »ein starkes Interesse an den Anliegen der ehemaligen New Age-Bewegung« hinzugekommen, die auch heute noch ihren Wert hätten.[10]

Diese Verabschiedung des alten New Age berührt insofern merkwürdig, als Capra dem Buch von Marilyn Ferguson noch im Jahre 1982 ein Vorwort vorangestellt hat, in dem er sich nicht nur voll und ganz hinter deren Konzept stellt, sondern auch dessen politische Implikationen von ihm ausdrücklich unterstrichen werden.[11] In der Tat kann ein Programm, das sich »die radikale Transformation unserer gesellschaftlichen Institutionen, Wertbegriffe und Vorstellungen« zum Ziel setzt, nicht unpolitisch sein. Der komplette Ausstieg aus dem Bestehenden hat zumindest, auch wenn dies nicht unmittelbar intendiert ist, politische Folgen im Sinne eines Anarchismus mit teilweise libertären, teilweise kommunitären Zügen. Das kommunitäre Element zeigt sich beispielsweise in einem Modell von Politik, welches sich auf die Solidarität von Kleingruppen stützt. Das libertäre Moment dürfte jedoch das primäre sein, wenn etwa der Grundsatz aufgestellt wird: »Ein spiritueller Weg ist *für uns* gültig, wenn er *unseren* Bedürfnissen, wie wir sie selbst definieren, angemessen ist.« New

Age-Politik solle das Recht auf Abtreibung, die Rechte der Homosexuellen und das Recht auf Polygamie sicherstellen und alle Gesetze gegen Prostitution, Glücksspiele und Drogen beseitigen.[12] Mit anderen Worten: Hier gilt nur noch eine einzige Maxime, welche ein anderes Mitglied der New Age-Szene, der Magier und Okkultist Aleister Crowley, in die Worte gekleidet hat: »Tu, was Du willst, soll sein das ganze Gesetz.«[13]

Grundlegend ist demnach das Ideal individueller Autonomie. Daher unterstützt auch nach Marilyn Ferguson das Paradigma des Wassermannzeitalters »das autonome Individuum in einer dezentralen Gesellschaft«. Dieses Paradigma besagt ferner, daß wir durch keine Bedingungen und Konditionierungen begrenzt werden. Da die menschliche Natur weder gut noch schlecht ist, sondern offen für kontinuierliche Transformation und Transzendenz, muß jedes Individuum die Freiheit besitzen, selbst zu wählen, was es für das beste hält, und jeden beliebigen Lebensstil zu leben, den es leben möchte.[14] »Wenn Euch eine Meinung nicht mehr paßt, werft sie weg und nehmt eine andere an ... Warum eigentlich wechseln wir unsere Kleider so häufig, nicht aber unsere Meinungen?«[15] Es gilt demnach das Prinzip der Prinzipienlosigkeit und der totalen Beliebigkeit. Die Transformation des Selbst, welche eine Transformation der Gesellschaft und der Werte nach sich ziehen soll, wird dabei als eine »Reise ohne Endziel«[16] vorgestellt. »Wir finden unsere individuelle Freiheit, indem wir nicht ein Ziel, sondern eine Richtung wählen. Man entscheidet sich nicht für die transformative Reise, weil man weiß, wohin sie einen führt, sondern weil sie die einzig sinnvolle Reise darstellt.«[17]

Dies ist selbstverständlich kein unpolitischer Standpunkt, ebensowenig wie der Anspruch der dahinterstehenden humanistischen und transpersonalen Psychologien, durch eine Bewußtseinsrevolution einen neuen Menschen und eine neue Gesellschaft zu schaffen. Es handelt sich vielmehr um die Fortführung des Anliegens der marxistischen Jugendbewegung der sechziger und siebziger Jahre, mit der für den Neomarxismus insgesamt kennzeichnenden Umkehrung des Marxschen Grundaxioms: Da es nach neuer Lesart nicht in erster Linie das gesellschaftliche Sein ist, das das Bewußtsein der Menschen bestimmt, sondern umgekehrt die Umwälzung der gesellschaftlichen Verhältnisse eine planmäßige Bewußtseinsänderung voraussetzt[18], gilt nunmehr eine Revolution des Bewußtseins als schlechthin axiomatisch, neuerdings eben mit Hilfe von Meditationspraktiken und anderen Techniken der Einflußnahme.

Wie aber gelangt man von einem derartigen *extrem individualistischen* Ausgangspunkt zu einer Transformation der *Gesellschaft?* Anscheinend ganz problemlos. Der »Autarkie des regierenden Selbst« folgt nämlich in

diesem Denken die gesellschaftliche Harmonie auf dem Fuße. Gerade weil wir nicht mehr so sicher sind, was für die anderen richtig ist, entsteht ein neues Gefühl der Verbundenheit und dadurch gesellschaftliches Engagement. »Feinde gibt es keine mehr.«[19]
Das Mittel zur Erreichung gesellschaftlicher Harmonie und zugleich deren Organisationsform ist das »Netzwerk«. Darunter versteht man ein weltweites Geflecht sämtlicher emanzipatorischer Bewegungen unserer Zeit. Deren auf unterschiedliche Ziele gerichtete Bestrebungen sollen über ihre jeweiligen Teilziele hinaus in einen universalen, ja in einen kosmischen Zusammenhang integriert werden. »Wenn sich das kleine Selbst mit dem großen Selbst vereint, entsteht Kraft. Bruderschaft überwältigt den einzelnen wie eine Armee ... Den Ausschlag geben nicht die obligaten Bindungen von Familie, Nation und Kirche, sondern eine lebendige pulsierende Verbundenheit ... eine spirituelle Verschmelzung. Diese Entdeckung läßt Fremde zu Verwandten werden, und wir erkennen ein neues freundliches Universum.«[20] Während die bestehenden Institutionen unwiderruflich dem Zusammenbruch geweiht sind, »ist eine dem 20. Jahrhundert angepaßte Version des Stammes oder der Sippe der Frühzeit aufgetaucht: das Netzwerk, ein Werkzeug für den nächsten Schritt der menschlichen Entwicklung«.[21] Die alten revolutionären Massenbewegungen sollen als Motor der Geschichte durch die neue Klasse der New-Ager abgelöst werden, die kleiner als das Proletariat ist, aber für Millionen sprechen wird.[22] »Netzwerke bilden die Strategie, mit der kleine Gruppen eine ganze Gesellschaft transformieren können.«[23] Da nämlich die Anhänger des alten »Paradigmas«, ähnlich wie nach den Voraussagen der marxistischen Klassenkampflehre, nicht einfach kampflos das Feld räumen, sondern zäh an ihren Vorstellungen festhalten, setzt die Integration in Netzwerke Kampfbereitschaft voraus, denn es geht »um Werte, Macht und Recht«, ja um einen förmlichen »Krieg der Werte«. Was – so Ferguson – mit »Pop-Psychologie, Büchern über Selbstfindung, Psychotherapie, Meditation, Traumjournalen, Körpertraining, Yoga, Training für Biofeedback, Laufen, Wochenendseminaren und esoterischen Lehren« beginnt, führt rasch zu einer durchdringenden Welle der Veränderung, »wirft alte Formen um und bringt neue, vorläufige. Die Beziehungsformen ändern sich, weil sich die Menschen ändern. Erstmals sind Millionen zu Bewußtseinsreisen verführt, gezwungen, rekrutiert oder in sie hineinkatapultiert worden. Gemeinsam bewegen sie sich in Richtung unerforschter Gebiete der Wandlung.«[24]

2. New Age und die Neuen sozialen Bewegungen

Auch Capra verdankt seine grundlegenden Inspirationen und auch heute noch propagierten Ideen jener Frühphase der New Age-Bewegung, die ihm mittlerweile als überwunden gilt. So bekennt er noch im Jahre 1987: »Die neunzehnhundertsechziger Jahre brachten mir zweifellos die tiefsten und radikalsten persönlichen Erfahrungen meines Lebens: Die Ablehnung der konventionellen bürgerlichen Werte, die Geschlossenheit, Friedfertigkeit und Vertrauensseligkeit der Hippie-Gemeinschaft; die Freiheit der Freikörperkultur, die Erweiterung des Bewußtseins durch psychedelische Drogen und Meditation; die Ausgelassenheit und besondere Beachtung des ›Hier und Jetzt‹. Alles das bewirkte ein fortdauerndes Gefühl der Verzauberung, der Ehrfurcht und des Erstaunens ...«[25] Andererseits ist nicht zu übersehen, daß die von Capra nunmehr favorisierten Neuen sozialen Bewegungen als Bestandteile eines globalen Netzwerkes bereits in dem erwähnten Kultbuch von Marilyn Ferguson eine entscheidende Rolle spielen.

Die Friedensbewegung wird allerdings weder von Ferguson noch von Capra thematisiert, obwohl gerade sie der eigentliche Auslöser der New Age-Bewegung gewesen zu sein scheint. Der deutschstämmige Soziologe Hans Sebald, ein Beobachter der amerikanischen studentischen Szene in den sechziger und siebziger Jahren, stellt sogar die These auf, »daß die der pazifistischen Gegenkultur entsprossene Romantik heute (d.i. 1981) als Romantik des ›New Age‹ ihre Blüten treibt«. »Der Krieg wurde als das Produkt einer Todesindustrie angesehen, die mit rationalem und wissenschaftlichem Denken und Experimentieren verknüpft war. Aus dieser Vorstellung entwickelte sich eine weitverbreitete Abneigung gegenüber der Wissenschaft, dem Industrialismus und Rationalismus. Mehr und mehr setzte sich die Überzeugung durch, daß bei derart verdorbenen Früchten des Industrialismus auch dessen Mittel, nämlich Wissenschaft und Rationalismus, schlecht sein mußten. – Die Gegenkultur der sechziger und frühen siebziger Jahre unseres Jahrhunderts hatte weitgehend eine Ablehnung eines zerstörerischen und immer unverhüllter zutage tretenden Industrialismus zum Inhalt, der die Welt an den Rand der nuklearen Vernichtung zu treiben schien. Mit dem Ende des Vietnamkrieges veränderte sich die Bewegung zu einer weniger militanten Romantik des ›New Age‹.«[26]

Gleichzeitig mit jener Gegenkultur entstand in den Vereinigten Staaten eine neue Frauenbewegung mit deutlich kulturrevolutionären Zügen und einer Bewußtseinslage, welche durch Überwindung des Patriarchats und durch Hinwendung der Frauen zu ihrem eigenen Geschlecht einen psychologischen Befreiungsprozeß erstrebte. 1973 fand ein internationaler feministischer Kongreß statt, und bereits im folgenden Jahr glaubte Herbert Marcuse, das revolutionäre Potential dieses neuen Feminismus erkannt zu haben. Dabei geht es ihm zufolge nur in einem ersten Schritt um Gleichberechtigung, vornehmlich jedoch um »den Aufbau einer Gesellschaft, die von einem anderen als dem bisherigen Realitätsprinzip geprägt ist«, einer Gesellschaft, welche Männer und Frauen in einem harmonischen Glückszustand leben läßt, weil sie in ihr von den Zwängen der Herrschaft und Ausbeutung frei sein werden, die die jetzige Sozialstruktur bestimmen. Der Weg dorthin ist die »Umwälzung der ausbeuterischen und repressiven Werte der patriarchalischen Zivilisation, die Negation ihrer aggressiven Produktivität«. Als Antithese zu den herrschenden maskulinen Qualitäten befürwortet Marcuse nunmehr solche femininen Qualitäten wie »Rezeptivität, Sensitivität, Gewaltlosigkeit, Zärtlichkeit usw.«, nachdem er noch keine zehn Jahre zuvor revolutionäre Gegengewalt zur moralischen Pflicht erklärt hatte. Mittlerweile erscheinen diese femininen Qualitäten »in der Tat als der Herrschaft und Ausbeutung entgegengesetzt . . .; sie stehen für die Kraft der Lebenstriebe, gegen den Todestrieb und die Destruktion«. Im Zuge dieser kulturellen Revolution wird der feministische Sozialismus »seine eigene Moral begründen und entwickeln müssen, die mehr und etwas anderes zu sein hätte als die bloße Absage an die bürgerliche Moral«. Das Endziel dieses feministischen Aufstandes aber ist der »Androgynismus«, die Verschmelzung männlicher und weiblicher Eigenschaften auf geistig-seelischer Ebene[27], – ein Thema übrigens, welches gegenwärtig vor allem die feministische Theologie in Atem hält.[28]

Die Ideen des späten Marcuse gehören zu jenen Bruchstücken aus dem Erbe der einst einer kompakteren Ideologie anhängenden »Neuen Linken«, welche in der New Age-Bewegung fortwirken. Das gilt insbesondere für Capra. Von Marcuse bekennt Capra, daß er neben Cohn-Bendit und anderen sein politisches Bewußtsein geschärft habe.[29] Ein Jahr nach Marcuses in Kalifornien gehaltenem Vortrag echot es bei Capra: Seine aus dem Verbund von moderner Physik und Mystik hervorgegangene Weltanschauung sei »mit unserer gegenwärtigen Gesellschaft unvereinbar«. Deshalb bedürfe es »einer völlig anderen sozialen und ökonomischen Struktur: einer kulturellen Revolution im wahren Sinne des Wortes«.[30]

Die jüngste Phase der Kulturrevolution hat Marcuse selber nicht mehr erlebt. Für ihn springt daher Capra in die Bresche. »Ausgebeutet« wird ja in der gegenwärtigen Gesellschaft nicht nur die Frau, sondern auch die

Natur. Als vorläufig letztes revolutionäres Subjekt entdeckt – mit Odo Marquard zu sprechen – »die revolutionäre Geschichtsphilosophie schließlich die Natur. Die Natur tritt ein in die vakant gewordene Stelle des revolutionären Subjekts der Geschichte, und die revolutionäre Avantgarde wird jetzt zu Naturschützern«. Die Natur ist nicht länger der zu überwindende Feind, sondern »– wie das vorher vom Proletariat gesagt wurde – ausgebeutet und dadurch gefährdet durch die moderne – die bürgerliche Welt: also muß diese bürgerliche Welt gestürzt werden; die moderne Welt muß verschwinden, damit die Natur am Leben bleibt und wieder heil werden kann«.[31] Mehr noch: Capras Weltbild zufolge muß »die Biosphäre selbst – Gaja – zum Gegenstand besonderer Zuneigung«, ja religiöser Verehrung werden. »Diese *religio*, dieses Wiederverbinden, ist das tiefste Anliegen des neuen ganzheitlich-ökologischen Denkens.«[32]

3. Die grün-alternative Bewegung insbesondere

Die grüne Bewegung ist für Capra und andere New Age-Vertreter »der historische Beleg für den unaufhaltsamen Aufbruch ins neue Zeitalter.«[33] Die Entdeckung der grünen Bewegung als der Verkörperung der »aufsteigenden Kultur« im Sinne des Zusammenfließens zuvor unabhängig voneinander operierender sozialer Bewegungen geht auf die Amerikanerin Charlene Spretnak zurück, welche in Zusammenarbeit mit Capra und dem Deutschen Rüdiger Lutz im Jahre 1984 ein Buch mit dem Titel »Green Politics. The Global Promise« veröffentlichte, welches seit 1985 auch in deutscher Übersetzung vorliegt.[34] Darin wird lapidar mitgeteilt: »Wenn es eine Zukunft gibt, dann wird sie grün sein.«[35] In ähnlicher Weise und in demselben prophetischen Selbstbewußtsein hatte vier Jahre zuvor ein Vertreter der deutschen »Gesellschaft für Transpersonale Psychotherapie« verkündet: »Entweder das New Age-Bewußtsein breitet sich über die ganze Welt aus oder es wird bald überhaupt kein Bewußtsein auf diesem Planeten mehr geben.«[36]
Nach klassischem Muster gehen bei Capra, nunmehr im Blick auf die Grünen, die Gewißheit einer unausweichlichen Veränderung und der kulturkritische Appell eine eigentümliche Verbindung ein: »Kulturelle Umwälzungen dieser Größenordnung lassen sich nicht verhindern. Man sollte sich ihnen nicht entgegenstellen … Ein derart tiefgreifender Wandel der Mentalität unserer abendländischen Kultur muß natürlich begleitet sein von einer ebenso tiefgreifenden Änderung der meisten gesellschaftlichen Beziehungen und Formen gesellschaftlicher Organisatio-

nen.«[37] Das erinnert in frappierender Weise an althergebrachte sozialistische Denkmuster. Schon bei dem Frühsozialisten Lamennais hatte es geheißen: »Weil nun das Menschengeschlecht sich unaufhaltsam einer Zukunft nähert, deren notwendige Verwirklichung nichts verhindern wird, und weil das, was sein soll, trotz aller Widerstände kommt, besteht die wahre Weisheit unserer Meinung nach darin, die unaufhaltsame Bewegung zu unterstützen.«[38] Bei Capra liest man: »Es steht zu erwarten, daß die verschiedenen Bewegungen in der zweiten Hälfte dieser Dekade sich der Gemeinsamkeit ihrer Ziele immer bewußter werden und schließlich gemeinsam eine mächtige soziale Kraft bilden«, eben jene »aufsteigende Kultur«. »Darum brauchen wir eine globale grüne Politik – mit anderen Worten die Übertragung grüner Perspektiven auf den ganzen Planeten und die gesamte Menschheitsfamilie.«[39]

Charlene Spretnak vermißt freilich bei den westdeutschen Grünen die geforderte »spirituelle Dimension« der Politik. Obwohl sie vielen als Motivation diene, scheue man davor zurück, offen darüber zu sprechen.[40] »Spiritualität« aber definiert sie zusammenfassend so: »Alles ist eins, alle Lebensformen sind Teile des immerwährenden Tanzes der Materie/Energie, der anschwillt und verebbt, anschwillt und verebbt.«[41] Begreiflich, daß ein Öko-Sozialist wie Thomas Ebermann dergleichen »zum Kotzen« findet. Ebermann räumt aber ein, daß religiöse Anmutungen dieses Stils bei den Grünen massiv vorhanden seien.[42] Sie gibt es auch in literarischer Form. In einem 1982 veröffentlichten schmalen Bändchen mit dem Titel »Philosophie der Grünen« schreibt die damalige Bundessprecherin der Grünen Manon Maren-Grisebach im besten New Age-Stil: Die Partei der Grünen habe mit ihrem Grundsatz ökologisch ein sicheres Fundament. »Das ist nicht Glauben, Überzeugung, Gesellschaftsentwurf, sondern Wissen. Zusammengehörigkeit aller Vorgänge auf der Erde ... die große Vernetzung ... alle gewinnen plötzlich Einblick in die weltweiten Verkettungen ... glücklicherweise verblaßt der Gegensatz von Geist und Materie, der das menschliche Bewußtsein Jahrhunderte beschäftigt hat.«[43]

Nun mag es zutreffen, daß ein großer Teil der grünen Mitgliedschaft mittlerweile nicht einmal mehr den Namen der Autorin kennt. Immerhin gibt es Arbeitskreise bei den Grünen, die sich dem New Age-Denken verpflichtet wissen. So die vor einigen Jahren gegründete »Bundesarbeitsgemeinschaft für spirituelle Wege in Wissenschaft und Politik«. Dort wird dann versucht, »die Wesenheit der Mutter Erde wahrzunehmen«, Fragen des »Volkskarmas« nachzugehen und dem »Neuen Denken« im Sinne des New Age den Weg zu bahnen.[44] Eine frühere Bundestagsabgeordnete der

Grünen, Karin Zeitler, befindet sich ebenfalls »auf dem Weg ins Neue Zeitalter«. Sie berichtet von der Bildung einer Gruppe von 300 Menschen, welche sich bemühen, »Neue Wege in Spiritualität und Politik« zu erschaffen, kennenzulernen und zu leben. Sie haben in einem »Wassermann-Zentrum« im Schwäbischen Wald ihren Mittelpunkt gefunden. Karin Zeitler nennt endlich doch das unausgesprochene Ziel, das der gesamten New Age-Bewegung ihre Schubkraft verleiht. Es handelt sich um nichts Geringeres als »*das Paradies auf diesem geliebten Planeten*«.[45]

4. Kritik der New Age-Ideologie

a) Auslösendes Moment der New Age-Bewegung ist nicht eine bestimmte Erkenntnis, sondern eine *Entscheidung* für eine wie auch immer geartete, aber jedenfalls neue Lebensgestaltung.[46] Ein solcher Dezisionismus ist unvermeidlich, wo der Wunsch nach Begründungen, wie in der New Age-Szene üblich, als überholtes rationalistisches Vorurteil abgetan wird. Daher gibt es auch zwischen dem herrschenden »falschen Bewußtsein« und dem »neuen Bewußtsein« kein wirkliches Gespräch, denn jeder Kritiker bestätigt selbstverständlich immer nur die Richtigkeit der eigenen New Age-Position.[47] Die Unbequemlichkeiten und Begrenztheiten des menschlichen Daseins werden intensiv erlebt, und es entsteht der Wunsch, aus den Widerständigkeiten des Lebens auszubrechen. »Man fühlt sich nicht wohl, aber man will sich wohl fühlen; also muß das Bisherige an unserem Unwohlfühlen schuld sein, also müssen Theorien gefunden und Techniken entwickelt werden, die mit dem Bisherigen so radikal wie möglich brechen. Man stößt auf Grenzen, möchte aber doch grenzenlos sein; also muß das Neue etwas ... sein, ... was uns die Grenzen unserer Persönlichkeit zu überwinden hilft.«[48] Was wir wünschen, soll eben wirklich werden, ganz so wie bei Ernst Bloch der Umstand, daß etwas erhofft wird, bereits die Gewähr enthält, daß es auch erreichbar ist.[49]

b) Die Hinwendung zum New Age vollzieht sich als persönliches Erweckungserlebnis. An die Stelle einer Begründung tritt der persönliche Erlebnisbericht und die Aufforderung zur Nachfolge.[50] Man darf sich hier durch Worte nicht täuschen lassen. So spricht Ken Wilber in diesem Zusammenhang von »Experimenten«. Diese sogenannten Experimente sind aber nichts anderes als Selbsterfahrungserlebnisse: Wilber »fordert den Wissenschaftler auf, sich in einen trancehaften Zustand der Meditation zu begeben, um dann festzustellen, daß man in Trance die seltsamsten Erlebnisse machen kann. Er wehrt sich also dagegen, daß man ihm mit wissenschaftlichen Fragen kommt«.[51] Statt dessen setzt Wilber auf Gläubigkeit: »Es stehen uns zwei Möglichkeiten offen, wenn wir uns ein Urteil über die Ebene des Geistes oder mystischen Gewahrseins bilden wollen. Wir können denen glauben, die diese Ebene selbst erfahren haben, oder uns auf den Weg machen, sie selbst zu erfahren.«[52] Am Beginn steht also gerade nicht das intersubjektiv überprüfbare Experiment, sondern die mystische »Schau«.[53]

c) Dieser ebenso seltsame wie fragwürdige Mystizismus hat seinen Ursprung in einer bestimmten Psychagogik, welche ebenfalls in den sechziger und siebziger Jahren, von dem an der kalifornischen Küste gelegenen Therapiezentrum Esalen ausgehend, zuerst unter dem Namen »Human Potential«-Bewegung (Carl Rogers, Abraham Maslow, Fritz Perls u. a.), später dann als sogenannte Transpersonale Psychologie auch in Europa starke Verbreitung gefunden hat. Deren Kernstück bilden Selbsterfahrungserlebnisse, Psychotrips in frühere Leben oder in das »Jenseits« des »inneren Paradieses« mit dem Ziel der Bewußtseinserweiterung.[54]
Der eigentliche Quellgrund des Ganzen scheint dabei die Lehre des indischen Yogi Sri Aurobindo zu sein, von dem einer der Gründer des Esalen-Instituts, Michael Murphy, sagt, daß er durch ihn transpersonalisiert worden sei.[55] Von Aurobindo stammt die mystische Utopie einer neuen Menschenrasse mit supramentalem Bewußtsein, von der er überzeugt war, daß sie sich im Zuge der Evolution allmählich herausbilden werde.[56] Von ihm lernten die transpersonalistischen Psychologen vor allem Methoden zur Überwindung der seelischen Widerstände gegen »den totalen Ausstieg aus dem rationalen, vom Verstand kontrollierten Denken«.[57]
Obwohl solche Bewußtseinserweiterung vordergründig die Befreiung vom eigenen Ich zum Ziel zu haben scheint, stellt sie doch bei näherem Zusehen eher eine Spielart sublimer Egozentrik dar. Dies belegt etwa das sogenannte »Gestalt-Gebet« von Fritz Perls, des Begründers der Gestalttherapie, in deren Mittelpunkt die ganzheitliche, alles integrierende (Selbst-)Erfahrung des Individuums steht. Perls war in den sechziger Jahren einer der »tonangebenden« Lehrer im kalifornischen Transpersonalisten-Zentrum Esalen und wurde so schließlich auch ein maßgeblicher Anreger der heutigen Psychokultur des New Age. Jenes »Gestalt-Gebet«, mit dem Perls seine Sitzungen zu eröffnen pflegte, lautet: »Ich bin ich und Du bist Du. Ich bin nicht auf dieser Welt, um Deinen Erwartungen zu

genügen. Und Du bist nicht auf dieser Welt, um meinen zu genügen. Ich bin ich, und Du bist Du. Amen.«[58]

d) Auf der gesellschaftlich-politischen Ebene führt das Programm transpersonaler Selbstverwirklichung nach der Devise: »Ich bin okay, Du bist okay« bzw. nach dem Motto: »Do your own thing«, infolge seiner Unberechenbarkeit und Unbestimmbarkeit unweigerlich zur unterschiedslosen Bejahung jedweder Art von »Bewegung«. So sind die »Verschwörer« Marilyn Fergusons fast alle Transpersonalisten und Mitarbeiter des Esalen-Instituts. Was aber die »Verschwörung« anbelangt, so gibt es nach Ferguson »mehrere zehntausend Wege, sich ihr anzuschließen«. Bei Capra verbindet sich nun diese Verschwörungsidee noch zusätzlich mit Herbert Marcuses Programm einer Kulturrevolution, verdichtet sich sein mystisches Urerlebnis zu einer »konkreten Utopie«, zu einer umfassenden Kultur- und Gesellschaftskritik.[59] Folglich umspannt Capras Regenbogenperspektive nicht etwa nur die Ökologie-, Friedens- und Frauenbewegung, sondern auch die verschiedensten »spirituellen« Bewegungen, gleichgültig ob indianisch, hinduistisch oder buddhistisch, ferner Bürgerinitiativen, Befreiungsbewegungen der Dritten Welt und ethnischer Minderheiten und andere Basis- oder »Grasroots«-Bewegungen. Damit wird »Bewegung« als solche zum Selbstzweck erhoben. Es fehlt jedes Kriterium zur Beurteilung der Legitimität der von den verschiedenen Bewegungen jeweils verfolgten Ziele.[60]

e) Vielfach zehrt die New Age-Mythologie von dem Nimbus, eine naturwissenschaftlich begründete, will sagen: auf gesicherten Fundamenten basierende Weltanschauung zu sein. Indessen dient die Konstruktion eines neuen *Weltbildes* vor allem bei Capra, aber auch bei anderen Propheten des »Neuen Zeitalters« wie Ken Wilber, nicht der Begründung, sondern der nachträglichen Rechtfertigung und Verschleierung einer mystisch verbrämten, der Sache nach aber irrationalen Grundentscheidung. Das »neue Bewußtsein« hat demnach die Funktion einer Ideologie. Capra attackiert das mechanistische Weltbild nicht, weil es sich dabei um ein Weltbild handelt, sondern weil es mechanistisch ist. Er vertauscht somit lediglich ein Weltbild gegen ein anderes. Kurz gesagt: Er ersetzt das Kausalitätsprinzip entsprechend neueren wissenschaftlichen Entwicklungen durch das kybernetische Modell von Regelkreisen. Der Weg von Max Plancks Quantentheorie über die Relativitätstheorie Albert Einsteins und Heisenbergs Unschärferelation bis zur Kybernetik Norbert Wieners und heutiger Systemtheorie führt aber nicht zu einem neuen »Weltbild«, sondern lediglich zu einem neuen Denken *innerhalb* der Naturwissenschaft. Der Glaube, mit naturwissenschaftlichen Methoden Aussagen über das Ganze der Wirklichkeit machen zu können, stellt dagegen einen befremdlichen Anachronismus dar. Für diese Behauptung kann man sich insbesondere auf Werner Heisenberg berufen[61], als dessen Schüler sich Capra gerne ausgibt, was jedoch nur in dem Sinne zutrifft, daß Capra mit Heisenberg mehrere Gespräche geführt hat.

Die Konstruktion eines Weltbildes aufgrund naturwissenschaftlicher Erkenntnisse stellt eine Grenzüberschreitung dar. Sie beruht auf der Verkennung des Hypothesencharakters naturwissenschaftlicher Aussagen und begeht darüber hinaus einen Fehlschluß von den Teilen auf das Ganze. Sie stellt den reduktionistischen Versuch dar, die Vielfalt der Erscheinungen aus einem Prinzip zu erklären, das aus einem Teilbereich des Seins gewonnen wurde und nun für die Totalität des Seins gelten soll. Eine »Weltanschauung einer modernen Physik« zu postulieren, wie es Capra tut, stellt einen Rückfall ins 19. Jahrhundert dar. Völlig grotesk aber wird es, wenn die moderne Physik mit mystischer Erleuchtung, gleich welcher Herkunft, ineinsgesetzt und gegen das rationale Denken ausgespielt werden soll. Denn die von Capra zitierten Überwinder des mechanistischen Weltbildes waren ja rationale Denker hohen Grades und keine Mystiker.[62]

f) Die gleichen Einwände gelten gegen die Verwendung des geradezu gebetsmühlenartig wiederholten Schlagwortes vom »Paradigmenwechsel«. Hier liegt eine ähnliche Grenzüberschreitung vor, insofern ein aus der wissenschaftstheoretischen Diskussion stammendes Denkmodell für ein neues Weltbild in Anspruch genommen wird. Thomas S. Kuhn wollte mit dieser Begriffsprägung zu einem besseren Verständnis der Entwicklung naturwissenschaftlichen Erkennens beitragen, indem er »außer der Berücksichtigung der naturwissenschaftlichen Methoden den geistesgeschichtlichen Hintergrund sowie wichtige psychologische und soziologische Faktoren in seine Analysen einbezog«.[63]

Transferiert man nun dieses – im übrigen nicht unbestritten gebliebene – Erklärungsmodell aus dem Bereich der Wissenschaftstheorie und Wissenschaftsgeschichte auf das Gebiet der Weltanschauungen, so resultiert daraus der Gedanke, man könne anstelle von wissenschaftlichen Hypothesen nunmehr Weltbilder gegeneinander austauschen, und zwar relativ beliebig, d. h. je nachdem, was gerade weltanschauliche Mode ist. Mit dem Hinweis auf einen solchen Paradigmenwechsel kann man alles rechtfertigen und erspart sich dabei eine Menge von Begründungen. Die Rede vom

Paradigmenwechsel erfreut sich zwar heute allgemeiner Beliebtheit, wirkt aber faktisch lediglich als eine Einladung zur Denkfaulheit.

g) Entgegen den Verheißungen des New Age ist darauf hinzuweisen, daß die menschliche Natur argumentativer Rationalität nicht auszuweichen vermag. Der »propagierte Rückgriff auf mystische Abkürzungen der mühsamen Arbeit des Begriffs«[64] stellt demgegenüber nur eine Scheinlösung dar. Das ganz andere Denken, das von Capra empfohlene »Denken« mit dem ganzen Körper etwa[65], ist nur um den Preis zu haben, darüber den Kopf, d. h. den Verstand zu verlieren.[66] Allerdings liegt die Stärke von New Age gerade darin, ein waches Gespür für die psychische Situation weiter Kreise des Bildungsbürgertums zu haben und, um mit Willy Hochkeppel zu sprechen, »deren modische Heimsuchungen, wenn auch nicht auf den Begriff, so doch auf den Slogan zu bringen«.[67] So erklärt sich das gesamte New Age-Syndrom nicht zuletzt daraus, daß dem Menschen in der vormals angemaßten Rolle des Prometheus inzwischen einfach bange geworden ist, womit er – wieder einmal – aus einem Extrem in ein anderes zu fallen droht.

Anmerkungen

1 Vgl. *L. Kolakowski*, Die Hauptströmungen des Marxismus, München ²1981, Bd. 3, S. 487.
2 Vgl. ebd., S. 472.
3 Vgl. *E. Eucken-Erdsiek*, Die Macht der Minderheit. Eine Auseinandersetzung mit dem neuen Anarchismus, Freiburg i. Br. 1970, S. 60.
4 Vgl. *W. Brezinka*, Die Pädagogik der Neuen Linken, München/Basel ⁶1981, S. 47.
5 Ebd., S. 51 f.
6 *L. Kolakowski*, a.a.O. (Anm. 1), S. 451.
7 *H. A. Pestalozzi*, Die sanfte Verblödung, Düsseldorf ⁴1987, S. 51.
8 Für ein neues Weltbild. Gespräch mit Fritjof Capra, in: Evangelische Kommentare 20 (1987), S. 521.
9 Vgl. *W. Schmidt*, Die Botschaft Capras,.in: Materialdienst der Evangelischen Zentralstelle für Weltanschauungsfragen 50 (1987), S. 239 ff., hier S. 240.
10 *F. Capra*, Die neue Sicht der Dinge, in: *H. Bürkle* (Hrsg.), NEW AGE. Kritische Anfragen an eine verlockende Bewegung, Düsseldorf 1988, S. 11 ff., hier S. 14, 16.
11 *M. Ferguson*, Die sanfte Verschwörung. Persönliche und gesellschaftliche Transformation im Zeitalter des Wassermanns. Mit einem Vorwort von Fritjof Capra, Basel ²1982.
12 *M. Satin*, New Age Politics. Healing Self and Society, New York 1979; zit. nach *E. Pement*, »Die New-Age-Bewegung: Versuch einer Definition«, in: *H.-J. Ruppert*, NEW AGE. Endzeit oder Wendezeit?, Wiesbaden 1985, S. 183 ff., hier S. 185.

13 Vgl. *E. Pement*, ebd.

14 Ebd.

15 *M. Ferguson* auf den »New Age Tagen Zürich« 1984. Vgl. den Bericht »Die optimistischen Kulturkritiker« in der Neuen Zürcher Zeitung v. 17. März 1985.

16 *M. Ferguson*, Die sanfte Verschwörung, a.a.O. (Anm. 11), S. 99.

17 Ebd., S. 480 f.

18 Vgl. *M. Kriele*, Befreiung und politische Aufklärung, Freiburg i. Br. u. a. ²1986, S. 143.

19 *M. Ferguson*, Die sanfte Verschwörung, a.a.O. (Anm. 11), S. 222 f.

20 Ebd. S. 114.

21 Ebd., S. 33, 247.

22 Ebd., S. 248 (in Anlehnung an *Theodore Roszak*).

23 Ebd., S. 249.

24 *M. Ferguson*, »Beziehungen«, in: sphinx Nr. 25, April/Mai 1984, S. 17 ff., hier S. 18 f.; vgl. dazu *L. von Padberg*, New Age und Feminismus, Asslar 1987, S. 107 f.

25 *F. Capra*, Das neue Denken, Bern u. a. 1987, S. 22.

26 *H. Sebald*, Die Romantik des ›New Age‹: Der studentische Angriff auf Wissenschaft, Objektivität und Realismus, in: *H. P. Duerr* (Hrsg.), Der Wissenschaftler und das Irrationale, Bd. 2, Frankfurt a. M. 1981, S. 226 ff., hier S. 227.

27 *H. Marcuse*, Marxismus und Feminismus in: *Ders.*, Zeit-Messungen, Frankfurt a. M. 1975, S. 9 ff., hier S. 9, 11, 13, 20; vgl. dazu *L. von Padberg*, Feminismus – eine ideologische und theologische Herausforderung, Wuppertal 1985, S. 99 ff.

28 »Wo geht's lang in die – diesmal androgyne – Revolution?«, fragt Elisabeth Moltmann-Wendel in den Evangelischen Kommentaren 21 (1988), S. 405.

29 *F. Capra*, Wendezeit. Bausteine für ein neues Weltbild, Bern u. a. ¹⁶1987, S. 487.

30 *F. Capra*, Das Tao der Physik. Die Konvergenz von westlicher Wissenschaft und östlicher Philosophie, Bern u. a. ²1984 (engl.: 1975), S. 307.

31 *O. Marquard*, Die arbeitslose Angst, in: DIE ZEIT Nr. 51/1986, S. 47 f., hier S. 48.

32 *F. Capra*, Die neue Sicht der Dinge, a.a.O. (Anm. 10), S. 19, 24.

33 *G. Küenzlen*, New Age und Grüne Bewegung, in: *G. Hesse/H.-H. Wiebe*, Die Grünen und die Religion, Frankfurt a. M. 1988, S. 244 ff.

34 *Ch. Spretnak*, Nicht links, nicht rechts, sondern vorne. DIE GRÜNEN, München 1985.

35 Ebd., S. 268.

36 *E. Hanefeld*, New Age – was ist das eigentlich?, in: esotera 1980, S. 141 ff., zit. nach *H.-J. Ruppert*, a.a.O. (Anm. 12), S. 60.

37 Vgl. *H. J. Peters*, Ein neues Weltbild. Überlegungen zu Fritjof Capras Buch ›Wendezeit‹, in: factum 1984, Nr. 7/8, S. 34 ff., hier S. 36.

38 »Politisches Glaubensbekenntnis« (1844), in: *F. Kool/W. Krause*, Die frühen Sozialisten, Freiburg i. Br. 1967, S. 265 f.

39 *F. Capra*, Die Bedeutung der GRÜNEN für die Welt, in: *Ch. Spretnak*, a.a.O. (Anm. 34), S. 7 ff., hier S. 9, 11.

40 *Ch. Spretnak*, a.a.O. (Anm. 34), S. 314.

41 Ebd., S. 325.

42 *G. Hesse/H.-H. Wiebe*, a.a.O. (Anm. 33), S. 140.

43 Ebd., S. 32 f.

44 Vgl. *G. Bartsch*, Grüne Spiritualität und Politik, in: Materialdienst der Evangeli-

schen Zentralstelle für Weltanschauungsfragen 50 (1987), S. 245; ferner: *G. Küenzlen*, a.a.O. (Anm. 33), S. 257.

45 *K. Zeitler*, Auf dem Weg ins neue Zeitalter, in: *H. Hesse/H.-H. Wiebe*, a.a.O. (Anm. 33), S. 106 ff., hier S. 115 f. (Hervorhebung von mir, R. H.).

46 Vgl. *W. Schweidler*, Der sich selbst vollbringende Optimismus, in: Zeitschrift für Politik 35 (1988), S. 249 ff., hier S. 260.

47 So zutreffend *K. Nientiedt*, Durch neues Denken in ein neues Zeitalter?, in: Herder-Korrespondenz 41 (1987), S. 579 ff., hier S. 580.

48 *W. Schweidler*, a.a.O. (Anm. 46), S. 261.

49 Vgl. Anm. 3, ebd.

50 Vgl. *W. Schweidler*, a.a.O. (Anm. 46).

51 *M. Seiler*, »Alles mit allem versöhnen«, in: Frankfurter Allgemeine Zeitung Nr. 84 v. 11. April 1988, S. 10.

52 In: Das Spektrum des Bewußtseins, München 1987, zit. nach *M. Seiler*, a.a.O. (Anm. 51).

53 *K. Nientiedt*, a.a.O. (anm. 47), S. 582.

54 Vgl. zum folgenden *M. Haller*, ›Wir steigen in den Himmel auf‹. Über das Psycho-Zentrum ›Esalen‹ und die ›Transpersonale Bewegung‹, in: DER SPIEGEL 1983, Nr. 41 v. 10. Oktober 1983, S. 268 ff.

55 Vgl. Ebd., S. 274.

56 *R. Hummel*, Zwischen den Zeiten und Kulturen: Die New Age-Bewegung, in: *H. Hemminger* (Hrsg.), Die Rückkehr der Zauberer, Hamburg 1987, S. 29 ff., 35 f. – Auf *Sri Aurobindo* (wie auf *Capra!*) beruft sich übrigens auch der mit der New Age-Bewegung sympathisierende Jesuitenpater *Hugo M. Enomiya-Lassalle* (Leben im neuen Bewußtsein, München ²1986, S. 66 ff.; 44, 49), so daß wiederum unter Bezugnahme auf ihn geschlußfolgert werden konnte: »Der Geist des Neuen Zeitalters ist der Geist Gottes.« (*G. Schiwy*, Der Geist des neuen Zeitalters. New-Age-Spiritualität und Christentum, München 1987, S. 101 ff., 109).

57 *M. Haller*, a.a.O. (Anm. 54), S. 275.

58 *F. Perls*, Grundlagen der Gestalt-Therapie, München 1976, S. 163. Vgl. auch *F. Capra*, Wendezeit, a.a.O. (Anm. 29), S. 433 f., sowie *M. Hallers* Bericht über das Psychozentrum Esalen, a.a.O. (Anm. 54), S. 275.

59 *H. J. Peters*, a.a.O. (Anm. 37), S. 39.

60 A.a.O. (Anm. 10), S. 13 f.

61 Vgl. dessen: Physik und Philosophie, Frankfurt a. M./Berlin 1963, etwa S. 40.

62 Vgl. *W. Hochkeppel*, »Nebelwerfer als Aufklärer«, in: Merkur 1985, S. 831 ff., hier S. 840.

63 *W. Stegmüller*, Hauptströmungen der Gegenwartsphilosophie, Bd. 3, Stuttgart ⁷1986, S. 279 ff., hier S. 329 f.

64 *W. Zimmerli*, Das Zeitalter der angekündigten neuen Zeitalter, in: *H. Bürkle* (Hrsg.), a.a.O. (Anm. 10), S. 42 ff., hier S. 60.

65 *F. Capra*, Wendezeit, a.a.O. (Anm. 29), S. 37.

66 *W. Hochkeppel*, a.a.O. (Anm. 62), S. 842.

67 Ebd., S. 835.

Gottfried Küenzlen

Die Suche nach innerweltlichem Heil

Über gesellschaftliche und kulturelle Hintergründe
der »Neuen Religiosität«

Inmitten unserer säkularen Kultur haben sich in den letzten Jahren neben
den Kirchen und an ihnen vorbei religiös-spirituelle Bewegungen und
Angebote entwickelt, die wir als »vagabundierende Religiosität« fassen
können. Diejenige dieser Strömungen, die gegenwärtig die meiste Aufmerksamkeit auf sich zieht und unübersehbar Konjunktur hat, ist die
sogenannte New-Age-Bewegung. Die mich leitende Frage ist nun zunächst: Auf welche Fraglichkeiten unserer kulturellen und gesellschaftlichen Lage geben, für einen bestimmten Kreis bewußt lebender Zeitgenossen, die neuen religiösen Orientierungen eine Antwort? Dem will ich
exemplarisch nachzugehen versuchen am Beispiel der erwähnten New-
Age-Bewegung, als der gegenwärtig vitalsten Strömung der »vagabundie-
renden Religiosität«. Hier lautet die Frage in noch einmal anderer Formulierung: Welche sinnhafte Orientierung gibt die New-Age-Bewegung
ihren Anhängern, oder eben: Auf welche Fraglichkeiten gegenwärtiger
kultureller und gesellschaftlicher Lagen ist die Botschaft vom New Age
eine Antwort? Kurz: Was sichert der New-Age-Bewegung Faszination?
Die These, die weiterhin ein Stück weit plausibel zu machen ist, lautet in
einer ganz allgemeinen Fassung: im New-Age-Denken tritt uns ein Geflecht an Orientierungen entgegen, das seinen Anhängern sinnhafte
Antwort anbietet auf das gegenwärtig mächtige Unbehagen an der Moderne, – Antworten, die die tradierten Sinnbestände der Moderne im
Lebenshorizont vieler nicht mehr aus sich heraus setzen. Zu dieser Krise
der tradierten Sinnbestände gehörte insbesondere der kulturelle Gel-
tungsschwund der säkularen Glaubensmächte (Wissenschaft, Fortschrittsgewißheit, politische Heilsverheißungen).

1. »Tod der Moderne«?

Die Krise des okzidental-modernen Paradigmas ist im Kern eine Krise der
Aufklärung und ihrer Verheißungen. Was wir gegenwärtig erleben, möglicherweise bis in unsere eigene Lebensgeschichte hinein, ist ein rasant

voranschreitender Zusammenbruch des Glaubens an die aufklärerische Vernunft. Noch die Jahre der 68er-Bewegung waren getragen von dem Optimismus, daß die Geschichte emanzipatorisch sich fortentwickelt, ein Optimismus, dem eine marxistisch gebundene Geschichtstheorie (vergleiche vor allem Herbert Marcuse) das theoretische Fundament lieferte. Dieser Emanzipationsglaube, im Kern der Glaube an die Herstellbarkeit universalen menschlichen Glücks durch menschliches Handeln, scheint weitgehend weggerutscht, abgewandert höchstens in die Zirkel politischen Sektierertums, hat jedenfalls keine öffentliche Kraft mehr. Dieser Utopieverlust vor allem ist es, der uns vor die folgende Frage stellt: Sind mit der elementaren Krise auch die Ziele des abendländischen Paradigmas zur Disposition gestellt? Die »Dialektik der Aufklärung« jedenfalls hat uns eingeholt. Es hat uns eingeholt, was Max Horkheimer und Theodor Adorno schon 1944 programmatisch schrieben: »Seit je hat Aufklärung im umfassendsten Sinn fortschreitenden Denkens das Ziel verfolgt, von den Menschen die Furcht zu nehmen und sie als Herren einzusetzen. Aber die vollends aufgeklärte Erde strahlt im Zeichen triumphalen Unheils.«[1]

Heute ist es für viele schon ausgemacht, daß die aufklärerische Vernunft selbst an ihr Ende gekommen ist, weil sie angesichts des – von ihr wirkungsgeschichtlich zu verantwortenden – Unheils ihre Legitimationskraft verlor. Die Moderne und die sie begründenden Mächte sind diesem Denken schon Vergangenheit. Die Propheten und Diagnostiker des postmodernen Zeitalters, in dem wir nach ihrer Auskunft schon anfangen zu leben, haben gegenwärtig Konjunktur. Wie immer man die gegenwärtige Debatte um die »Postmoderne« ihrem theoretischen Gehalt nach beurteilt – es ist diese Debatte allein schon ein Indikator für eine veränderte, zumindest geistig-intellektuelle Lage.[2] War einst der Kollektivsingular »Fortschritt« das offene oder geheime Dogma des Modernitätsbewußtseins, so ist heute der Schwund, womöglich der Zusammenbruch des säkularen Glaubens an einen vernunftgeleiteten Fortschritt zunehmend eine geradezu alltagskulturelle Erfahrung. Hier geht es nun nicht mehr um die Frage: bloße Steuerungskrise oder Zielkrise. Hier ist der »Tod der Moderne« schon festgestellt.

Es liegt in der Konsequenz dieses Denkens, daß mit dem Totalverdacht gegen aufklärerische Rationalität Formen eines bewußten, gesuchten Irrationalismus entstehen können. Was im Lichte aufklärerischer Vernunft bislang als Obskurantismus galt, der überwunden schien, feiert fröhliche Urstände.

2. Die Heilsbotschaft des »New Age«

»New Age« ist inzwischen zum Sammelbegriff geworden, unter dem sich die unterschiedlichsten Gruppen, Strömungen, Traditionen und Inhalte zusammenfinden. Vor allem haben wir von der Vorstellung Abstand zu nehmen, als hätten wir es nur mit organisierten Gruppen zu tun; dies sicher auch, und solche Gruppen tragen dann nicht selten »sektiererische« Züge. Entscheidend ist aber, daß es sich bei dem New-Age-Syndrom um diffuse, oft ganz vage Tendenzen eines gegenwärtigen kulturell verbreiteten Lebensgefühls handelt. So also ist das, was New-Age-Bewegung heißt, inhaltlich nur schwer auf einen Nenner zu bringen. Dennoch lassen sich – in eklektischem Zugriff – einige entscheidende Merkmale nennen, die sich quer durch die verschiedenen Tendenzen und Gruppen finden.

a) Der Glaube an das »kosmische Bewußtsein«: Es ist dabei für das Verstehen des New-Age-Denkens entscheidend, daß »Bewußtsein« transindividuell verstanden ist und also nie das einzelne, subjektive Bewußtsein zuallererst meint, sondern das Bewußtsein des Einzelnen ist Akzidenz des allgemeinen kosmischen Bewußtseins. Der Gegensatz von Materie und Geist, von Idee und Struktur soll im New-Age-Denken überwunden sein. Hier gilt: Alles was ist, ist Bewußtsein, es gibt nichts anderes. Die Göttlichkeit des Menschen – so einer der wesentlichen Inhalte der New-Age-Spiritualität – liegt eben darin begründet, daß er ein Fragment dieses kosmischen Bewußtseins ist, daß er also angeborene Göttlichkeit besitzt, die ihm etwa in Meditation und Bewußtseinserweiterungsübungen erfahrbar wird.

b) Es gilt als religiös-spiritueller Antrieb, die Transformation des Ich anzustreben. Denn es geht um Überwindung des individuellen Ich und um Vereinigung mit dem allgemeinen kosmischen Bewußtsein. Ich-Überwindung also, oder auch Transzendierung des »Ego« ist der Weg, der ins neue Solarzeitalter führt.

c) Wir haben im New-Age-Denken also eine prinzipiell holistische (ganzheitliche) Weltsicht. Nicht steht der Mensch Gott gegenüber, noch ist er von Natur und Kosmos getrennt, vielmehr sind Mensch, Natur und Kosmos ineinander verwoben und nur der Verblendungszwang des westlichen Subjekt-Objekt-Denkens gaukelt vor, dies seien getrennte Seinsbereiche.

d) Der Mensch als Teil des Göttlichen kann sich seines göttlich-kosmischen Ursprungs also auf dem Weg der Überwindung des Ichs versichern. Es gibt ein esoterisches »Wissen«, es gibt okkulte Praktiken, die dem Menschen seine Göttlichkeit erfahrbar machen. Spirituelle Techniken, Techniken der Bewußtseinserweiterung lassen dem Menschen das Göttliche in ihm erfahrbar werden und machen es ihm verfügbar. Wo ihm dies gelingt, wo er den Schein des subjektiven Ich abstreift, hat er, Teilhaber des Göttlichen, die Macht, die Realität um ihn her zu verändern und sich ihm verfügbar zu machen.

e) Wo nun immer mehr Menschen diesen Weg der Erleuchtung, das heißt der Transformation des Ich hin zum kosmischen Bewußtsein gehen, kann, ja wird die neue Welt nicht ausbleiben. Hier erreichen wir nun, wie anschließend verdeutlicht werden soll, den Kern des New-Age-Glaubens. Er ist im letzten Grunde Glaube an Evolution, dessen Basis die Evolution, ja Transformation des menschlichen Bewußtseins ist. Alles was ist, ist hineingebunden in die hinter den Dingen stehende »Selbstorganisations-Dynamik des gesamten Kosmos«.[3] Diese Selbstorganisations-Dynamik läuft zu auf eine neue Welt, auf die große, letzte Harmonie, in der Geist und Materie, Mensch und Natur, Subjekt und Objekt miteinander verbunden sein werden, in der alles mit allem eins sein wird.

f) Wie immer, wo Hoffnungen auf Evolution und Fortentwicklung mächtig werden, blühen auch die Verheißungen eines »Neuen Menschen«. So wird auch das New-Age-Syndrom vorangetrieben von dem Glauben an den kommenden Neuen Menschen: wo der Mensch durch Transformation seines Bewußtseins den alten Seinszustand hinter sich läßt und eine neue Seinsstufe erreicht. Studiert man die Texte des New-Age-Denkens, entdeckt man durchgehend die Verheißungen eines neuen Zeitalters, das von dem Neuen Menschen bewohnt sein wird, von dem Neuen Menschen, der in Harmonie und ganzheitlich lebt, ungetrennt von der äußeren Wirklichkeit, ja dem Universum überhaupt. So ließ sich etwa eine der publizistischen Stimmen der New-Age-Szene im deutschsprachigen Raum bereits vor über einem Jahrzehnt vernehmen: »Wir stehen nicht nur vor einer kulturellen Umwälzung, wie sie in den letzten Jahrhunderten mehrfach zu beobachten war. Fakten, die der englische Physiker und Psychologe Peter Russell jetzt zusammengetragen hat, weisen vielmehr darauf hin, daß die Gattung Mensch unmittelbar an der Schwelle zu einem regelrechten Evolutionssprung steht, wie er in der bisherigen Evolution des Universums nur wenige Male aufgetreten ist. Wenn wir die weltweite

Krise richtig deuten ..., könnte die Menschheit jetzt zu einem einzigen großen, geistig-synergetischen Organismus zusammenwachsen – noch in dieser Generation ... Wir stehen vor einer Transformation unseres Ich-Modells.«[4]

Hier sei wenigstens angedeutet, daß die Verheißungen des Neuen Menschen im New-Age-Denken sich einfügen in einen gar nicht mehr so neuen mystisch-evolutionären Utopismus, der, meist mit indisch-religiösem Hintergrund, in Theosophie und Spiritismus schon im vorigen Jahrhundert seinen Anfang nahm, der bis heute im Westen seine Wirkungsgeschichte hat und in der gegenwärtigen New-Age-Szene nun eben kräftig zum Blühen kommt. Hier wäre vor allem auch zu nennen die Konzeption des »supramentalen Übermenschen« nach Sri Aurobindos »integralem Yoga«.

3. Das Sinnangebot des »New Age«

Worin besteht nun näherhin das Angebot an Orientierungssicherheit und Sinngebung des New-Age-Glaubens? Dies sei in kurzem Abriß an den oben genannten Merkmalen verdeutlicht – wobei wir die Frage nach der Tragfähigkeit der New-Age-Sinngebungsleistung, vor allem aber die Frage nach der Wahrheit der New-Age-Religiosität bewußt im Hintergrund halten.

Sich eingebunden zu wissen in eine kosmische Einheit, aufgehoben im Mega-System des Universums, sich als Teil der alles umfassenden »Selbstorganisationsdynamik des Kosmos« verstehen zu können, sich mitschwingen zu fühlen in der ewigen Harmonie: das ist eine Antwort auf den Hunger nach Ganzheit, den der Prozeß der Modernisierung aus sich entstehen ließ. Es ist dies eine Möglichkeit, der Fragmentisierung und Segmentierung des modernen Zivilisationsprozesses zu begegnen.

Die Transformation des Ich, genauer: die Ich-Überwindung ist eine Rettungschance für das gefährdete Ich. Die Selbstverwirklichungsprogramme der vergangenen Jahre, vor allem der rabiate Subjektivismus der Psychokultur mit ihrer Philosophie des »do your own thing« führten leicht zu einer hoffnungslosen Überlastung des auf diese Programme sich einlassenden Ich. Dieses Ich und seine Verstrickungen hinter sich lassen zu können, ist das therapeutische Angebot des New Age. So ist es sicher kein Zufall, daß die New-Age-Bewegung sich zu einem größeren Teil aus Klienten der Programme Humanistischer Psychologie rekrutiert. Die ursprünglich reiner Diesseitigkeit verpflichtete Psychokultur transzendiert sich denn auch zunehmend zur »Transpersonalen Psychologie«, wie sie etwa von Stanislav Grof vertreten wird oder auch von Graf Dürckheim repräsentiert wurde. Daß in diesen Zusammenhang auch die gegenwärtig beobachtbare, mächtige Renaissance der analytischen Psychologie C. G. Jungs mit ihren weltanschaulichen Impressionen gehört, sei nur am Rande erwähnt.

Sodann: Daß der Einzelne seine Gegenwart nicht nur passiv erleiden muß, ja die Wirklichkeit um sich her verändern kann durch das Instrument seines Bewußtseins, ist sinnhaft erlebte Antwort auf die Zukunftsunsicherheit, ja auf den Zukunftsverlust, der so prägend für das gegenwärtige Lebensgefühl vieler zu sein scheint. Wo der Einzelne sich eingespannt wissen kann in den ins New Age führenden kosmischen Evolutionsprozeß, bedeutet dies eine Möglichkeit, menschliche Hoffnung neu zu verankern, nachdem die kulturell-überkommenen Möglichkeiten der Zukunftsbewältigung, die tradierten religiös-christlichen und eben auch die säkular-religiösen, für viele keine erkennbare Realität mehr besitzen. Dazu tritt ein Argument, das in der für die New-Age-Bewegung eigentümlichen Organisationsstruktur begründet ist. Diese besteht ja nun weniger in ausgeführten, in Organisationen und Gruppen gefaßten und identifizierbaren Formen; vielmehr ist es das Pathos der New-Age-Anhänger, »Mitglieder« eines »weltumspannenden Netzwerkes« zu sein, das jenseits aller organisatorischen Verfaßtheit die religiöse Gemeinschaft der ins New Age Hineinlebenden umfaßt. Dieses Bewußtsein, eingebettet zu sein in das Netzwerk der »sanften Verschwörung«[5], gibt Sicherheit, nicht zuletzt durch das religiös-elitäre Gefühl, zur Avantgarde der Beweger des New Age zu gehören; zu denen zu gehören, die schon in den neuen Äon hineinleben und ihn heraufführen.[6]

In den verschiedenen Ausprägungen des New-Age-Syndroms, in all den Guru-Bewegungen, in der Psychokultur, in dem ganzen Markt gegenwärtiger »vagabundierender Religiosität« liegt ein Angebot, das die offizielle Kultur heute vielen nicht mehr zu bieten vermag: das Angebot sinnhafter Existenz, ein Angebot zur Sicherung des Ichs, das in der Fragilität und Labilität unserer gegenwärtigen Lebenswelt so vielfach bedroht ist.

4. »New Age« und »grüne Bewegung«

Esoterisch-okkulte Weltsicht ist in öffentlicher Repräsentanz und Akzeptanz weiter vorangeschritten, als ernsthafte Zeitdiagnostiker noch vor wenigen Jahren sich hätten träumen lassen, und hat gerade auch in der grünen Bewegung einen Wirkungsraum gefunden. Daß esoterisches New-Age-Denken als eine der Tonlagen im vielstimmigen Weltanschauungschor der grünen Bewegung – wie es scheint, zunehmend – repräsentiert ist, ist nicht zu übersehen. Inwieweit die Inhalte der New-Age-Botschaft schon grüne Politik bestimmen, ist dagegen schwer abzuschätzen. Immerhin gibt es schon Arbeitskreise bei den Grünen, die sich zum Ziel setzen, dem New-Age-Denken größeren Raum und Einfluß zu verschaffen.[7]

Die grüne Bewegung ist im übrigen für die New-Age-Vertreter selbst der historische Beleg für den unaufhaltsamen Aufbruch ins Neue Zeitalter. Das New-Age-Denken sieht die Grünen als den gesellschaftlich-kulturellen Beweis dafür an, daß die individuelle und universelle Transformation nicht aufzuhalten und die »sanfte Verschwörung« des »New-Age-Netzwerks« bereits Realität ist.[8]

Will man wissen, warum das New-Age-Denken innerhalb der grünen Bewegung doch einigen Einfluß hat erringen können, ist zunächst wohl folgendes zu bedenken: Jede im weiteren Verständnis politische Bewegung hat einen ausgeprägten Weltanschauungsbedarf. Dies gilt genauso für die Grünen (als Partei), die in besonderer Weise von moralisch-konfessorischer Argumentation gegenüber bloß pragmatisch-zweckhaftem Vernunftdenken bestimmt sind. Die Politik selbst wird somit – zumindest tendenziell – zum Sinngebungsinstrument, die politische Aktion zum sinnhaft erlebten Daseinszweck. So darf gerade auch für die einzelnen Anhänger der grünen Bewegung unterstellt werden, daß sie ihre Zeit und eben auch deren Krisenlagen in besonders ausgeprägter Sensibilität bewußt wahrnehmen.

Doch gerade dann stellt sich die Frage nach den geistigen Quellen, die dem politischen Engagement das Fundament liefern. Wenn aber, wie wir sagten, die überlieferten Sinnbestände für viele keine orientierende Kraft mehr aus sich heraus setzen, schlägt die Stunde neuer Propheten (oder derer, die sich dafür halten). Und das ist in der gegenwärtigen Lage eben vor allem die Botschaft vom New Age. Der Weltanschauungsbedarf, dieser Zwang zur geistig-weltanschaulichen Begründung von Politik, der sich für die Grünen mit besonderer Dringlichkeit stellt – er findet hier im New-Age-Denken eine Antwort.

Daß der New-Age-Messianismus gerade im grünen Spektrum Aufnahme und Verbreitung findet, ist also nicht zufällig. Hier ist es zunächst die These von der totalen Krise des »alten Paradigmas«, die dem Lebensgefühl vieler der »Grünen«-Anhänger entspricht. So lesen wir denn auch etwa in den Parteiprogrammen der Grünen, daß nicht nur einzelne Strukturverhältnisse, sondern eben unser ganzes »Lebensmodell« in die Krise geraten sei. Der Weg heraus soll dem »ganzheitlichen« Denken gelingen. Nun ist die Rede vom ganzheitlichen Denken sicher nicht auf das New-Age-Syndrom begrenzt, besitzt aber im Holismus der New-Age-Botschaft seine besondere Ausprägung. Die Parole von der Ganzheitlichkeit findet sich denn auch, ohne daß dies immer in explizite New-Age-Terminologie gefaßt würde, in »grünen« Verlautbarungen immer wieder.

Wesentliche Weltanschauungselemente, wie sie für das New-Age-Denken bereits skizziert wurden, finden sich auch in der »Philosophie der Grünen«.[9] So beispielsweise die Annahme einer unserem Denken vorausliegenden Einheit von Geist und Materie, unseres Eingebundenseins in eine kosmische Ganzheit.

Das New-Age-Denken scheint sich mithin in einem gewissen Spektrum der Politik zunehmender öffentlicher Akzeptanz zu erfreuen. Dann sind aber Fragen erlaubt, ja unabweisbar, die sich wahrlich nicht nur für die Grünen stellen: Wie würde unsere Kultur aussehen, wäre sie in ihren geistigen Grundlagen zunehmend geprägt vom New-Age-Welt- und Menschenbild? Was würde aus dem aus christlichen Quellen gespeisten Wertehorizont, der, wie unvollständig, ja rudimentär auch immer, doch das innere Gefüge unserer Kultur prägt, wenn christliches Welt- und Menschenverständnis aus ihm endgültig entwiche und die auf ihm gründenden Werte dann auch nicht mehr einklagbar wären? Werte also wie Freiheit der Person – der unveräußerliche Wert des einzelnen – konkrete Nächstenliebe – Rücksicht auf die Schwachen – Solidarität – Streben nach Gerechtigkeit und so weiter? Das jedenfalls sind Stichworte, die sich im Horizont des New-Age-Denkens nicht finden.

5. Fortsetzung des Machbarkeitsdenkens?

Entgegen ihrem Selbstanspruch, den Weg in ein völlig »neues Zeitalter« zu weisen, bleibt die New-Age-Bewegung übrigens in vielen ihrer Gehalte und Antriebe der »alten Welt« und damit der Glaubens-geschichte der Moderne, als deren Überwindung sie sich weiß, verhaftet.

Die Annahme etwa, Welt und Mensch seien in eine voranschreitende Evolutionsgeschichte eingebunden, fügt sich, bei allen Unterschieden in den weltanschaulichen Inhalten, in die säkulare moderne Fortschrittsgewißheit. So ist etwa die Vorstellung eines sozusagen »objektiven«, in der »Selbstorganisations-Dynamik des gesamten Kosmos« begründeten Fortschritts, von bestimmenden säkular-modernen Fortschrittsannahmen nicht weit entfernt; ebenso, wie der davon abgeleitete Glaube, daß der Mensch durch Entwicklung des richtigen Bewußtseins in Einklang mit dem als Welt-Geist gedachten Fortschrittsgang kommend, sozusagen evolutiv notwendig zu einem Neu-Sein seiner selbst gelange. Die säkulare Eschatologie der Moderne setzt sich hier, eingebunden in ein holistisches Raum-Zeit-Verständnis, fort, nunmehr verschlüsselt in der Botschaft vom kommenden Solar-Zeitalter.

Dazu tritt der Glaube an die Wissenschaft, dem die New-Age-Bewegung durchweg verhaftet ist. Es ist die Wissenschaft, die in ihrer fortgeschrittensten Erkenntnis – so das Selbstverständnis der New-Age-Vertreter – den Weg zur Neuen Welt und zum Neuen Menschen unausweichlich weist. Wenn auch die aufklärerische Religionskritik, nach der sich im wissenschaftlichen Fortschrittsgang die Religion mehr und mehr aufhebe, für die New-Age-Bewegung kein Thema mehr ist, sind es hier doch die Fortschritte der Wissenschaft, die notwendig zu einer neuen Synthese von, vor allem östlicher, Spiritualität und Wissenschaft drängten. Capra folgend zwingen etwa die Ergebnisse der Quantenphysik, »das Universum als in der gleichen Weise zu sehen, in der östliche Mystiker die Welt erfahren haben, und einige von ihnen haben ihre Erfahrungen in fast den gleichen Worten ausgedrückt, die Atomphysiker benutzen«.[10] Es sei die moderne Wissenschaft, die uns lehre, »gleich dem östlichen Mystiker jetzt die Welt als ein System untrennbarer, einander beeinflussender, sich ständig bewegender Komponenten und den Menschen als einen wesentlichen Bestandteil dieses Systems anzusehen«. So erfährt der säkulare Wissenschaftsglaube in dem New-Age-Denken seine Fortsetzung und in gewisser Weise seine Überhöhung in der These, daß nun die Wissenschaft selbst in eine religiöse Dimension führe.

Das New-Age-Denken beruht auf der Gewißheit, an einem kosmischen, unaufhaltsamen Prozeß von Evolution teilzuhaben. Dies macht sein Pathos aus und begründet das Selbstbewußtsein seiner Anhänger. Sie wissen sich als Verkünder, Träger und Beweger des neuen Zeitalters. Peter Russell, einer ihrer vielzitierten Protagonisten, schreibt in seinem Buch »Die erwachende Erde«, dessen Titel im Grunde das Programm bereits enthält: »In unseren Händen ruht die evolutionäre Zukunft. Ob wir wollen oder nicht, wir sind jetzt die Sachwalter des Evolutionsprozesses auf Erden.«[11]

Ob man Fritjof Capra, Marilyn Ferguson oder Ken Wilber[12] liest, ob man die verschiedenen Journale der New-Age-Bewegung studiert oder ihre Kongresse besucht, ob man sich an ihre intellektuellen Vertreter hält oder an ihre trivialisierten Traktate: New Age ist eine Heilsbotschaft, und ihre Verkünder wissen sich als erwählte Träger dieser Botschaft.

Anmerkungen

1 M. *Horkheimer/Th. W. Adorno,* Dialektik der Aufklärung, Frankfurt 1969, S. 7.
2 Vgl. *P. Koslowski, R. Spaemann, R. Löw* (Hrsg.), Moderne oder Postmoderne? Zur Signatur des gegenwärtigen Zeitalters, Weinheim 1986; sowie *W. Welsch,* Wege aus der Moderne. Schlüsseltexte der Postmodernediskussion, Weinheim 1988.
3 Vgl. *F. Capra,* Wendezeit. Bausteine für ein neues Weltbild, Bern/München/ Wien ¹⁶1987, unter Bezug auf: *E. Jantsch,* Die Selbstorganisation des Universums, München 1979.
4 Trendwende, Nr. 1/1978.
5 Vgl. *M. Ferguson,* Die sanfte Verschwörung. Persönliche und gesellschaftliche Transformation im Zeitalter des Wassermann, Basel 1981.
6 Vgl. hierzu: *W. Schweidler,* Der sich selbst vollbringende Optimismus. Gibt es eine »New-Age«-Philosophie?, in: Zeitschrift für Politik, 35. Jg., Heft 3/1988, S. 249–268; vgl. weiterhin: *B. Haneke,* Mystischer Aufbruch ins neue Zeitalter, in: Scheidewege Jg. 19. 1989/90, S. 123–146.
7 Vgl. *G. Bartsch,* Grüne Spiritualität und Politik, in: Materialdienst der Evangelischen Zentralstelle für Weltanschauungsfragen, Stuttgart 8/87.
8 Vgl. *Ch. Spretnak,* Die Grünen. Nicht links, nicht rechts, sondern vorne, München 1985.
9 Vgl. *M. Maren-Grisebach,* Die Philosophie der Grünen, München 1982.
10 *F. Capra,* Der kosmische Reigen. Physik und östliche Mystik – eine zeitgemäßes Weltbild, Bern u. a. ³1980, S. 139.
11 *P. Russell,* Die erwachende Erde. Unser nächster Evolutionssprung, München 1984, S. 247.
12 Vgl. *K. Wilber,* Halbzeit der Evolution. Der Mensch auf dem Weg vom animalischen zum kosmischen Bewußtsein, Bern/München 1981.

Friedrich-W. Haack

Das »New Age« als Pseudophänomen?

Über den Sinn und Unsinn einer schillernden Worthülse

An den Begriff »New Age« hat man sich in der Moderne gewöhnt. Er scheint ein neues Zeitalter zu beschreiben, eine »neue Gnosis«, wie manche zu sehen meinen, und der Begriff »Gnosis« erhält zum ersten Mal seit Jahrhunderten eine positive Wertung.

Gerade in den christlichen Kirchen wurde das »New Age« zum beliebten Erklärungsmechanismus mit jeweils kirchenpolitischer Nutzanweisung zu größerer Frömmigkeit, Offenheit, Dialogfähigkeit, Religionshaftigkeit usw.

Satanswirken-Denunzierung und Dalai Lama-ismus, jene eifrige »Ich habe einen guten Kontakt zum Dalai Lama«-Beflissenheit, sind dem »New Age« zum Dank verpflichtet. Beide religiösen Agitationsmechanismen haben vom »New Age« profitiert und an ihm ihre Position gerechtfertigt und die andere jeweils als »Verrat am Christentum« oder »Dogmatizismus« zu diskreditieren versucht.

Inzwischen gibt es Stimmen, die dieses »New Age« am Abklingen sehen und führende Vertreter dessen, was man als »New Age« bezeichnete, gehen auf Distanz oder sehen sich als Vertreter eines »Light Age« bzw. »Solarzeitalters« (Fritjof Capra), das sich mehr mit Ökologie und weltzugewandtem Engagement beschäftigt, als der Mensch-Innentrip der New Ager herkömmlicher Prägung.

Und auch die Frage nach dem Tod oder der Lebendigkeit des Phänomens hat ihre religionspolitischen Aspekte.

1. New Age als Neopaganismus

Ich habe seinerzeit versucht, New Age im wesentlichen als Neopaganismus zu begreifen.[1]

»a) Der Neopaganismus wird von einer Haltung getragen, die am besten mit dem Begriff *Biosmus* beschrieben ist.

Unter Biosmus ist der – oft nicht formulierte – Glaube zu verstehen, daß dieses Leben ›alles‹ ist. Alles vollzieht sich ausschließlich zwischen Geburt

und Tod, eine echte Transzendenz ist nicht möglich. Auch die ›andere Realität‹ ist nichts als eine andersdimensionale (oder in eine hypothetische andere Dimension verlagerte) Diesseitigkeit. (…)
Heilsgüter des Biosmus sind das Erlebnis (jedes Erlebnis eben als solches) und damit die Erlebnisfähigkeit, die Gesundheit, spiritueller Selbstschutz, die Stärke – Lebenskraft. Krankheit und Leiden gelten entweder als zu beseitigende oder karmisch bedingte Zustände. Das Leben selbst ist die Botschaft, ist das Heil.

b) Der Neopaganismus ist letztlich als *Anthropoismus* zu beschreiben. Träger des Heils und Gegenstand allen Glücks ist der Mensch. Der Mensch tritt an die Stelle Gottes. Er ist selbst Gott. Sätze wie ›Es ist kein Gott außer dem Menschen‹ (Crowley) oder ›Ich war solange Atheist, bis ich entdeckte, daß ich selbst Gott bin‹ (Graffiti, München, auch schon als Auto-Aufkleber existent), ›Gott ist in Dir!‹ (gängiger New Age- oder Meditations-Slogan neohinduistischer Schulen) unterstreichen dies auch verbal. (…) Der Mensch selbst macht sich zum Gegenstand seiner religiösen Verehrung. Er feiert sich selbst. Selbstverwirklichung, Selbstfindung und eine Umkehr des Verantwortungsbegriffes (man ist ›sich selbst gegenüber‹ oder ›vor sich selbst‹ verantwortlich), wie er sich in manchen der Konzepte der ›humanistischen Psychologie‹ findet oder in sogenannten ›Psychotrainings‹[2], haben hier ihre ideologische Bevollmächtigung. Und sie sind gleichermaßen Missions-Mechanismen des Anthropoismus.
Je nach seiner Lebenskraft, -fähigkeit und -möglichkeit nimmt dabei der Wert des jeweiligen Menschen ab oder zu. Das angebliche oder tatsächliche ›Bhagwan‹-Wort, was denn ein Armer schon ›zu geben‹ habe (weshalb er sich besser um die Reichen kümmere), sowie der Umgang mit Kranken in der Rajneesh-Bewegung[3] belegen dies so deutlich wie bedrängend.

c) Der Neopaganismus hat eine starke Tendenz zum *Fatalismus*.
Das zeigt sich zum einen in der Einengung der Existenz auf das ›hier und jetzt‹. Zum anderen dokumentiert es sich in einem konsequenten Reinkarnations-Glauben und schließlich sind Modelle wie das einer (nicht oberflächlich benutzten) Astrologie fatalistisch. Der Lehrsatz des neopaganistischen Fatalismus lautet: Einen Sinn gibt es nicht! oder Nichts hat letztlich Sinn, alles ist Spiel. Das hat Auswirkungen auf die ethische Orientierung. Sünde und Schuld sind bloß Fiktionen. Von einem solchen ›Denkmodell‹ gilt es sich frei zu machen. ›Wenn dein Leben dich langweilt, setz es aufs Spiel.‹, beschreibt ein junger amerikanischer Extrem-Kletterer das Grund-Motiv seiner lebensgefährlichen Touren. Daß übri-

gens der Fatalismus seine eigene Faszination hat, darf nicht übersehen werden. Manchen Bestreitern dieser These haftet der Filter der eigenen Sicht und Ideologie (daß Fatalismus nur etwas Negatives ist) so sehr an, daß sie die Faszination des Fatalismus weder sehen noch begreifen können. (...)

d) Der Neopaganismus wird durch einen inhärenten *Panentheismus* geprägt und bestimmt.
Die Gottheit (im letzten Sinne nie personal verstanden) ist in allen Dingen und Wesen als Gotteskraft. Ob es nun das neugermanische ›Gott ist im Blut‹ oder die Naturkraft oder die Lebenskraft ist, es ist Vergottung der Dinge und Wesen, die den Neopaganismus prägt. (...) Es ist ›die Kraft‹, die Lebenskraft, die an die Stelle des persönlichen und den Menschen fordernden, von ihm Rede und Antwort verlangenden (und ihn damit zur Verantwortung rufenden) Gottes (...) tritt. Das Konzept findet sich in den neugnostischen Systemen der Theosophie und aller aus ihr hervorgegangenen und von ihr beeinflußten Bewegungen (Anthroposophie, Rosenkreuzertum, Crowleyanismus, I Am-Bewegung, Lucis Trust, Neue Akropolis u. a.[4]). (...).«[5]

Ich würde auch heute noch diese Punkte als wesentliche Faktoren der derzeitigen Religiosität bezeichnen und definieren. Zunehmend jedoch habe ich Zweifel an der weitausgreifenden und nahezu alle außerkirchlich-religiösen Phänomene der Moderne umgreifenden Befrachtung eines Begriffs, der meines Erachtens diese fast nicht tragen kann.

2. New Age als »Zeitalter des Wassermanns«

Zuerst einmal ist ja zu sehen, daß der Begriff des »New Age« nicht der Begriff eines neuen Zeitalters schlechthin ist, sondern daß dieses »neue Zeitalter« das »Zeitalter des Weltenmonats Wassermann« sein will. Diese aus der Astrologie entlehnte Vorstellung der Weltenzeitalter, die etwa das Zeitalter der Fische als »Ära des Christentums« beschreibt[6], sieht in den Symbolen des Tierkreises religiöse Botschaften. Im folgenden »Weltenmonat« des Wassermanns wird eine neue Religiosität am Werke gesehen. »Die Neugeburt des Lichtes bereitet sich vor, und es ist eine Frage auf Leben und Tod der weißen Rasse (...).«[7]
So ist es legitim, daß sich an diese Vorstellung der einander mit ihren religiösen Dominanten ablösenden Zeitalter oder Weltenmonate jedwede

nicht zeitdominante Ideologie oder religiöse Sicht als »jugendfrisches« Phänomen »des nun aufsteigenden Neuen Zeitalters« anhängen kann. Im Musical »Hair« wird dieses »Aquarius«-Zeitalter als das der schönen neuen Welt der Freiheit des Individuums besungen und gefeiert und der Song »Aquarius« aus »Hair« kann als die Hymne der Bewegung gesehen werden, die aus der sogenannten Hippie-Kultur hervorgegangen ist. Doch es hat nicht lange gedauert, und die sogenannten Jugendreligionen[8], die Bewegungen und Organisationen des Guruismus[9] und schließlich die auf eine zentrale Messias-, Führer- und/oder Propheten-/Prophetinnen-Gestalt aufbauenden Neuoffenbarungssysteme, wie beispielsweise das Heimholungswerk/Universelles Leben der Gabriele Wittek oder der Orden Fiat Lux der Erika Bertschinger hatten sich unter den gleichen Schirm eines »Neuen Zeitalters« geflüchtet und jeweils als die Hauptrepräsentanten eben dieses neuen Zeitalters dargestellt. Schließlich haben sich die sogenannten Psychokulte[10] wie EST/Das Forum, Scientology, Eternal Flame, Actualismus, Kenja u. a. m. sowie die im eigentlichen Sinne neopaganistischen Systeme, z. B. der Wicca-Kult, neugermanische und neokeltische, deutschvölkisch-religiöse, schamanistische und auf animistischen Religionen aufbauende neue Therapien (Afrikahaus Essen, Kum Nye etc.), den Begriff des New Age für sich in Anspruch genommen und sich unter diesem Logo erfolgreich vermarktet.

New Age – das ist kein unbelasteter Begriff mehr, mit dem man heute umgehen könnte, wie in seinen ersten Tagen.

Und es ist kein Begriff mehr, der eine auch nur annähernd einheitliche Szene abdeckt. Es sei denn, man wollte die außer- und nichtchristlichen neuen Bewegungen des ausgehenden 20. Jahrhunderts insgesamt unter einen Begriff subsumieren. Damit aber hätte man dem Begriff eine völlig neue Ausrichtung gegeben.

3. New Age als Eklektizismus

Auf der anderen Seite findet sich in den christlichen Kirchen eine Position, die am besten mit Günther Schiwys Aufruf beschrieben ist: »Der Geist des Neuen Zeitalters ist der Geist Gottes. Das läßt uns hoffen und fordert uns auf, an der ›sanften Verschwörung‹ mitzuwirken.«[11]

Dazu muß man sich allerdings ein eigenes New Age-Spektrum herausarbeiten, das in bezug auf Schiwy von mir einmal wie folgt umrissen wurde.[12]

»Schiwy's New Age besteht aus dem ›Kronzeugen‹ *Teilhard de Chardin*[13],

Rudolf Steiner (dem Gründer der sogenannten *Anthroposophie*) in Auswahl, *Stanislav Grof* und den ›*Transpersonalisten in Kalifornien*‹, dem Biochemiker *Rupert Sheldrake*, der mit seiner Theorie der ›morphogenetischen Felder‹ (einer eher als wissenschaftliche Randmeinung anzusehenden Anschauung, derzufolge die ›ursächliche Form‹[14] ›lernfähig‹ ist). Nach Sheldrake sind die Naturgesetze nicht a priori festgelegt, sondern selber eine Art von ›Gewohnheiten‹. (...)

Schiwy benennt als Kronzeugen seines New Age weiterhin den ›beigeordneten Generalsekretär der UN‹ Robert Muller (der von der Mun-Bewegung ebenso wie von einigen Guru- und New Age-Bewegungen als gerngesehener Gesprächspartner dann auch als Beleg für die eigene Bonität vorgewiesen wird) und die *Findhorn-Bewegung*. Doch kommt auch der deutschsprachige (und damit in deutschsprachigen Ländern bekannte und etwas überbewertete) Physiker *Fritjof Capra*, der Autor der Bücher ›Wendezeit‹[15] und ›Der kosmische Reigen – Physik und östliche Mystik – ein zeitgemäßes Weltbild‹[16], zu Schiwy-Ehren.

In beiden Büchern traktiert dieser die sogenannte ›Bootstrap-Hypothese‹, die angeblich festgestellt habe, daß das Universum ein ›dynamisches Gewebe zusammenhängender Vorgänge‹[17] sei und in dem es ›überhaupt keine fundamentalen Gesetze‹[18] gebe. Der Begriff von ›fundamentalen Naturgesetzen ist‹ nach Capra ›vom Glauben an einen göttlichen Gesetzgeber abgeleitet, der in der jüdisch-christlichen Tradition tief verwurzelt war‹.[19] Für Capra heißt das:

›Die Tatsache, daß der Bootstrap-Ansatz überhaupt keine fundamentalistischen Einheiten akzeptiert, macht ihn meiner Ansicht nach zu einem der tiefsinnigsten Gedankensysteme des Abendlandes und hebt ihn auf eine Ebene mit der buddhistischen oder taoistischen Physik.‹[20]

Für Capra beweist dieser Ansatz das von ihm so gesehene neue Paradigma. Er muß jedoch zugeben, daß seine Gedanken ›von der Mehrheit der Physiker noch nicht akzeptiert werden‹[21], wobei es aller Voraussicht nach auch bleiben dürfte.

Capra's New Age ist nun ebenfalls von Denkansätzen bestimmt, die nicht als wissenschaftliches Faktum verstanden werden dürfen. Mit vielen Neo-Spiritualisten, Neugnostikern, Schamanen und Witchcraft-Gläubigen glaubt auch er den Planeten Erde als ›ein lebendes Wesen aus eigener Kraft‹ definieren zu können[22], als einen ›einzigen lebenden Organismus‹.«[23]

Mir hat sich immer stärker die Überzeugung aufgedrängt, daß der Begriff »New Age« ein Agitationsbegriff ist. Es gibt keine auch nur annähernd relevante Beschreibung dessen, was dieses »New Age« begriffskonform und -kompatibel wirklich sei. Es ist immer das New Age des jeweiligen Benutzers. Und zwar in einem viel größeren Maße, als dies für ideologische Agitationsbegriffe sowieso schon gilt (etwa »faschistisch«, »faschistoid«, »Dämonismus«, der allgemein gebrauchte Begriff »Sekten« usw.). So wie man »neugermanische Bewegungen« und »Anthroposophie« als ortende und mit einer sachlichen Füllung behaftete Bezeichnungen verwenden kann, kann man »New Age« nicht einsetzen.

4. New Age als Agitationsbegriff

Mit Sicherheit ist man beim »Heimholungswerk«/»Universellen Leben« der Ansicht, daß man zum New Age gezählt werden müßte, ja daß man eben genau dieses New Age existent vorführe und seinen Anbruch mit den eigenen Aktivitäten realisiere. Eine Vielzahl von Organisationen der Bewegung des San Myung Mun[24] nennen sich »New Age Frontier«, »New Age Orchestra«, »New Age Players« oder, und das ist immer ein Austauschbegriff, »New ERA«. Bei der Scientology des L. Ron Hubbard[25] nennt sich einer der wichtigsten Verlage »New Era« und hubbardistisches Management wurde unter »New Age Management« vermarktet.

Bei den drei genannten Gruppen handelt es sich jedoch um drei der autoritärsten religiösen Systeme der Moderne. Zwar erheben sie alle den Anspruch, eine »neue Zeit« mit »neuen Methoden« zu verkörpern, jedoch de facto wollen sie nicht weniger, als einen »neuen Menschen« mit Mitteln kreieren, die in den christlichen Kirchen nur in Zeiten extremer Verirrung en vogue waren.

Der anthroposophische Schriftsteller Gerhard Wehr sieht in seinem »Wörterbuch der Esoterik«[26] unter dem Stichwort »New Age« ein »Neues Zeitalter«, das ein angeblich »in der Vergangenheit entstandenes Vakuum« füllt. »Dazu gehört einerseits die Beschreibung eines inneren Weges, der dem heutigen Bewußtsein angemessen ist; andererseits ist die Rückbesinnung – kein Rückzug! – auf die reichen Traditionen der Mystik und Esoterik in West und Ost unumgänglich.« Diese Pandorabüchse wird auf einem Kuchen entleert, der sich als religiöses Mischgericht entpuppt: einem neuen religiösen »New Age-Denken«. Dieses »ist nicht an eine bestimmte Religion oder Weltanschauung gebunden. Es besteht aber das Bedürfnis nach ganzheitlicher Betrachtung, etwa westlichen Denkens und östlicher Spiritualität«.[27] Diese Position ist für den Anthroposophie-Apologeten Wehr existentiell wichtig, versucht er doch permanent, z. B. Steinersche Anthroposophie und christlichen Glauben zu harmonisieren, um so diese ideologische Position in den Kirchen hoffähig zu machen.[28] So ist Wehrs Ansatz auch ein apologetischer. Unter dem »westlichen Denken« scheint sich implizit auch die christliche Theologie wiederzufinden, wenn er vorbeugend sagt: »Zusammenschau, vor allem Dialog und Begegnung setzen die Verwurzelung im Eigenen, wie die Anerkennung des jeweils Anderen voraus (...).«[29] Welche Anerkennung? Die seiner Existenz oder die seiner geistigen/geistlichen Gleichberechtigung? Da gibt es gute neutestamentliche Gründe, die zur Vorsicht gemahnen.

Auch Gerhard Wehr hat keine bessere Position gefunden, als seine Mitstreiter für das »New Age«. Einem »platten Synkretismus« will er nicht das Wort reden und von einer Mun-, Hubbard- oder Wittek/Universelles Leben-Anerkennung ist er weit entfernt. Aber auch sein New Age ist nichts als sein persönliches, recht Schiwy-ähnliches New Age.

Der Begriff »New Age« ist für mich deutlich ein Begriff für ein Pseudophänomen geworden.

5. Zur Genese des »New Age«-Begriffs

Wegbereiter des Neuen Zeitalters

Zuerst einmal ist festzustellen, daß niemand auf eine urheberrechtliche Definitionsgewalt Anspruch hat, haben kann. Für den Erstgebrauch wird ab und zu auf Alice Ann Bailey (1880–1949) verwiesen. Ihr Buch »Discipleship in a New Age«[30] stellt dieses New Age in den Belehrungen des »Tibeters«[31] in der Weise dar, daß es mit dem Erscheinen eines neuen »Welterlösers« eintritt.[32] Das neue Zeitalter ist auch bei Alice Ann Bailey das Wassermannzeitalter. Ihre eigentliche New Age-Ideologie entwickelt sie in dem Werk »Esoteric Astrology«[33] und in ihrem Alterswerk »The Reappearance of the Christ« (1948).[34] Es ist hier nicht der Ort, über die von ihr postulierte »Neue Gruppe der Weltdiener« als der Vorboten, Wegbereiter und -begleiter des neuen Zeitalters und der sogenannten »Dreiecke«-Arbeit ausführlich nachzudenken. Doch an folgendes sei kurz erinnert:

Der Begriff der »Neuen Gruppe der Weltdiener« findet sich bei Alice Bailey schon 1933. In diesem Jahr nennt sie die Zahl 200 als die Zahl derer, die »als ›Verbindungsoffiziere, Dolmetscher‹ und als Vermittler zwischen der inneren aktiven Hierarchie und den Denkern der Welt handeln« und als Agenten des kommenden Neuen dienen.[35] Hinter ihnen stünde »die innere geistige Regierung des Planeten«. Für die neue Zeit arbeiten die

»Dreiecke« (triangels) als »eine Diensttätigkeit (...), daß sie ein weltum-
spannendes Netz von Licht und gutem Willen schaffen«.[36]
Für diese Arbeit gibt Alice Bailey ihren Anhängern die (angeblich durch
Offenbarung erhaltene) »Große Invokation«, in der die Zentralsätze lau-
ten: »Es werde Licht auf Erden! (...) Möge Christus wiederkommen auf
Erden! (...) zu dem Endziel, dem die Meister wissend dienen! (...) den
Plan auf Erden wieder herstellen!« Der Christus ist jedoch nicht der Jesus
Christus, sondern ein theosophisches Konstrukt der sogenannten »Hel-
len/Weißen Hierarchie«. Mit seinem Erscheinen ist das neue Zeitalter als
»Endziel, dem die Meister wissend dienen«, da. Damit ist auch der »Plan«
(der Hierarchie) auf Erden wiederhergestellt. Der »Christus« ist der kommende Weltlehrer oder (durch seine Lehre) Welterlöser. Diejenigen, die
sich diesem neuen Zeitalter als Menschen guten Willens oder neue
Gruppe der Weltdiener öffnen, erhalten ihre Lehre und Schulung in der
dazu gegründeten »Arkanschule«.
Die Arkanschule, von Frau Bailey schon 1923 gegründet, ist ein Gegen-
stück zu den esoterischen Schulen in der Adyar-Theosophie und der
Steinerschen Anthroposophie. Es ist nicht ganz sicher, ob Alice Bailey
schon bei der Gründung die Ideologie parat hatte, die sie der Arkanschule
am Ende zuwies. Anfänglich eher so etwas, wie ein besonderer Führungs-
mechanismus, wird sie später zur Geheimschule des vorausgesagten und
angestrebten neuen Zeitalters.
Zu Baileys Neuem Zeitalter gehört auch das Postulat einer »neuen Weltreligion«, derzuliebe »unwichtige Doktrinen ausgemerzt werden müssen«.[37] In dieser »Neuen Weltreligion« ist des »Menschen existentielle
Göttlichkeit« ebenso verankert, wie die Gleichheit aller bisherigen Weltreligionen und Philosophien, deren Ursprung jeweils in der »Geistigen
Hierarchie des Planeten, deren Mitglieder die Bewahrer des göttlichen
Planes genannt werden«[38], zu suchen ist. Eine neue Offenbarung (wohl
die des »Tibeters«) werde den Weg für diese neue Weltreligion des kommenden Christus-Weltlehrers öffnen.

Wurzeln in der Theosophie

Frau Baileys New Age ist eines der »theosophischen Weltzeitalter«. Es ist
das Wassermannzeitalter in seiner theosophischen Weltdeutung als jenes
Zeitalter, in dem »der Plan« auf Erden wieder verwirklicht wird. Dieser
New Age-Begriff macht Sinn im Gegensatz zu der schwammigen und
beliebiger Füllung ausgesetzten Begriffs-Hülse, die in der derzeitigen New
Age-Diskussion immer wieder begegnet.

Neben Alice Ann Bailey wurden die spirituelle Kommune Findhorn und ihr erster Ideologe und Trustee, der Anthroposoph George Trevelyan, Paten des New Age. Trevelyans Vision eines New Age ist am schärfsten in einem Quadrat von Präexistenz, Reinkarnation, spirituellen Hierarchien und spirituellem Universum zu orten.[39] Trevelyan verweist deutlich auf die gleiche Quelle: die Theosophie. Angekündigt sieht er »die zeitlose Wahrheit von Sehern in einer dem hochentwickelten Intellekt der Zeit angemessenen Sprache verbreitet. H. P. Blavatskys Secret Doctrine (Geheimlehre), Annie Besants Theosophie, Rudolf Steiners Anthroposophie und Alice A. Baileys esoterische Schriften«.[40]

Lassen wir die »dem hochentwickelten Intellekt der Zeit angemessene Sprache« dieser New Age-Theosophen einmal beiseite, die sich nahezu flächendeckend als Konglomerat von Übertreibungen, Ballast, Aufblaswörtern und feierlicher Belanglosigkeit entfaltet, so bleibt die unbestreitbar korrekte Ortsangabe: die moderne Theosophie, d. h., das, was man seit Helena Petrowna Blavatsky[41] unter diesem Begriff religionshistorisch abhandelt.

Rom und Mekka dieses New Age ist die sogenannte Findhorn-Community. Entstanden aus einer medialen Kleingruppe, bei der sich u. a. auch Pflanzengeister als »Devas« durch die Medien offenbarten, wurde die Kommune an der Findhorn-Bay insbesondere unter David Spangler[42] in den 70er Jahren zum Zentrum des New Age-Denkens und -Tourismus.

Sein Buch »New Age – Die Geburt eines Neuen Zeitalters«[43] ist gewidmet »dem Netz der Diener der Welt, jenen Menschen, die in ihrem Leben die Mitschöpfer einer neuen Welt sein wollen, die lebendige Offenbarung der Grenzenlosen Liebe und Wahrheit«.

»Grenzenlose Liebe und Wahrheit« ist die Bezeichnung jener Wesenheit eines »unpersönlichen Bewußtseins«[44], die sich Spangler und anderen Findhorn-Gläubigen in dieser Zeit offenbart. Spangler erfährt in einer »Planungssitzung in Findhorn« durch die Offenbarung dieser Wesenheit eine Botschaft über »die Geburt eines Neuen Zeitalters und Findhorns Rolle darin«[45], das schon da sei »hier und jetzt (...). Findhorn wartet nicht auf das Neue Zeitalter; es baut jetzt daran«.[46] Auch hier wieder der Bezug auf die Theosophie als der wesentlichen Vorbereiterin und Ideologie des Neuen Zeitalters: »Die allgemeine Vermittlung der Geheimlehren an das Laienpublikum erfolgte auf dem Wege der Theosophischen Gesellschaft, der Anthroposophischen Gesellschaft, der neuen Denkbewegungen und anderen.«[47]

Die Offenbarung, so Spangler, zeige, »daß das Neue Zeitalter angebrochen, daß es eine wirkliche Kraft, eine Gegenwart ist, auf die man sich einstimmen kann. Die Wiederkehr Christi hat sich ereignet[48], und die Erde ist bereit, die neue Manifestation Christi zu empfangen«.[49] Dem Menschen eignet, wie in der Theosophie, Göttlichkeit[50], die »Tyrannei der Vergangenheit und des Alten« wird zerschlagen.[51]

Eigentlich hat diese »Neue Zeit« nur ein Problem: die Anhänger von Religionen, die sich gegen eine synkretistische Vereinnahmung sträuben. Für sie ist in diesem Neuen Zeitalter kaum Platz.

Nur diejenigen, deren »Bewußtsein noch die mentalen und emotionalen Bedingungen schafft, die für die alte Welt typisch sind«, geraten unter starken emotionalen Druck und: »Es ist außerdem bekannt, daß Leute unter starkem emotionalen Druck mehr zu Unfällen neigen, eine weitere Folge dieses einfachen Unterschiedes. Doch ist vielleicht gerade dieser simple Unterschied der Schlüssel zur Trennung der beiden Welten.«[52]

Über das, was »mit denen geschehen (wird), die sich auf das Neue nicht einstellen können«, könne man eben »nur Andeutungen machen. (...) Außerdem ist es nicht so wichtig, zu wissen, wohin das Alte gehen wird.«[53] Zu den Andeutungen zählt übrigens auch die erhöhte Herzinfarktrate. Das Problem löst sich sozusagen von selbst.

Bei dem, was heute allgemein New Age genannt wird, handelt es sich nach meiner Sicht ausschließlich um ein Ereignis der Theosophie Blavatskyscher Machart. Was sich um diesen Blavatsky/Besant/Steiner/Bailey-Kern herumkristallisiert, ist kein eigenes Gebilde, dem man die Bezeichnung New Age als Gesamtmerkmal zubilligen sollte. Es ist ein Satelliten-System, das sich auf den Bahnen dieser Theosophie mit ihrem Vokabular zu ihren Zielsetzungen bewegt. Oder es handelt sich um Gruppen, die sich des Begriffs zur Verschleierung ihrer eigenen Machtabsichten bedienen.

6. Gefahren für das Christentum

Für mich ist auch klar, daß dieses theosophische Neue Zeitalter eine deutlich und bewußt-gewollte antichristliche Prägung hat. Wo vom »Christus« die Rede ist, ist eine dem neutestamentlichen Christusglauben inkompatible Größe/Wesenheit gemeint. Das gilt auch für die Theosophie-Satelliten, die kein Interesse daran haben, sich als innerkirchliche Reformbewegung zu tarnen. Gruppen mit New Age-Couleur, die sich als christliche Reformbewegungen verstehen oder Gruppen, die diesen New Age-Ansatz in den christlichen Kirchen zum Tragen bringen wollen, mögen guten Willens sein. Doch es scheint mir ein typisches New Age-

111

Syndrom zu sein, die Ratio auszuschalten und das Empfinden an ihrer Stelle Herr werden zu lassen. Da sitzt dem einen »die Sünde im Auge des Betrachters« (man wende dies einmal auf Genesis 3 an), dem anderen sind die Kirchen »zu verkopft« und für den/die Dritte(n) wird weibliches Empfinden zur Offenbarungsquelle.

Man muß kein Patriarchatsfanatiker, Witchhunter oder vertrockneter Dogmatiker (alles Zuweisungen, die dann reichlich verteilt werden) sein, um diese Positionen als Formen einer Selbstverteidigung der Torheit zu sehen, die sich allerdings nicht auf die »reinen Toren« herausreden kann, die ohne jeden Urteilsdrang in den von Gott geschenkten Tag hineinleben.

Anmerkungen

1 *F.-W. Haack*, Die Lebensgottheit und der Bibelgott, München 1988.
2 Das Forum/EST, Lifespring, Actualization, Advanced Ability Center u. a. m.
3 Erfahrungsbericht des *Swami Dev Kranti*, 3.7. 83, Manuskript cf. et: Evang. Zentralstelle für Weltanschauungsfragen, Materialdienst 12/83.
4 Wozu auch in gewisser Weise eine Reihe von Vorläufer-Bewegungen des Nationalsozialismus zählt.
5 *F.-W. Haack*, a.a.O. (Anm. 1), S. 20 ff.
6 *G. Lomer*, Christus astrologisch gesehen, Warpke-Billerbeck 1955.
7 Ebd., S. 76.
8 *F.-W. Haack*, Findungshilfe Religion 2000 – Apologetisches Lexikon, München 1990, S. 140 f.
9 Ebd., S. 108 f.; *F.-W. Haack*, Guruismus und Gurubewegungen, München 1982.
10 *F.-W. Haack*, Findungshilfe a.a.O. (Anm. 8), S. 191.
11 *G. Schiwy*, Der Geist des Neuen Zeitalters – New-Age-Spiritualität und Christentum, München 1987, S. 109.
12 *F.-W. Haack*, a.a.O. (Anm. 1), S. 7 ff.
13 *G. Schiwy*, a.a.O. (Anm. 11), 17.
14 Die nach dem aristotelischen Ansatz als Idee vorgegeben unwandelbar alles Folgende bestimmt, das sich aus ihr und ihrzufolge entwickelt.
15 *F. Capra*, Wendezeit, Bern–München–Wien 1984[8], engl.: The Turning Point, 1982.
16 *F. Capra*, Der kosmische Reigen – Physik und östliche Mystik – ein zeitgemäßes Weltbild, Bern–München–Wien 1978[2], engl.: »The Tao of Physics« 1975.
17 Ebd., S. 286.
18 Ebd., S. 287; *ders.*, Wendezeit, a.a.O. (Anm. 15), S. 98 u. S. 99.
19 *Ders.*, Der kosmische Reigen, a.a.O. (Anm. 16), S. 287.
20 *Ders.*, Wendezeit, a.a.O. S. 98.
21 Ebd., S. 102.
22 Ebd., S. 315.
23 Ebd., S. 314.
24 *F.-W. Haack*, Unification Church Connections – Organisationen, Firmen, Aktivitäten und Begriffe des Mun-Imperiums, München 1989.

25 *F.-W. Haack*, Scientology – Magie des 20. Jahrhunderts, München 1982.

26 *G. Wehr*, Wörterbuch der Esoterik – Zugänge zum spirituellen Wissen von A–Z, Freiburg/Brsg.–Basel–Wien 1989.

27 Ebd., S. 105.

28 *Gerhard Wehr* ist durch *Steiner* zu dem Entschluß gekommen, Diakon der evang.-luth. Kirche zu werden.

29 *G. Wehr*, a.a.O. (Anm. 26), S. 105.

30 *A. A. Bailey*, Jüngerschaft im Neuen Zeitalter, Vol. 1, Genf 1974, Vol. 2, Genf 1975.

31 Eine von Frau *Bailey* als Offenbarungsmittler behauptete Wesenheit der »Hellen Hierarchie«.

32 *A. A. Bailey*, a.a.O. (Anm. 33), Vol. 2, S. 530.

33 *A. A. Bailey*, Esoterische Astrologie, Genf 1970.

34 deutsch: *A. A. Bailey*, Die Wiederkunft Christi, Genf 1954, ²1970.

35 Arkanschule, Die neue Gruppe der Weltdiener, Genf o. J. (Lehrheft der »Arkanschule«).

36 Aus einer Werbeschrift von »World Goodwill«, Genf, o. J.

37 *A. A. Bailey*, Lucis Trust. Die Neue Weltreligion, Genf–London–New York, o. J.

38 Ebd., S. 2.

39 *G. Trevelyan*, Eine Vision des Wassermann-Zeitalters, Gesetze und Hintergründe des »New Age«, München 1984, S. 45.

40 Ebd., S. 44 f.

41 recte: *Blavaky* (1831–1891).

42 In Findhorn 1970–73, gründet später in Californien die »Lorian«-Gruppe.

43 *D. Spangler*, The Birth of a New Age, The Park, Forres Scotland 1977, deutsch: New Age – Die Geburt eines Neuen Zeitalters, Frankfurt/M. 1978.

44 Ebd., S. 20.

45 Ebd., S. 39.

46 Ebd., S. 41.

47 Ebd., S. 135.

48 »Doch die wahre Wiederkehr hat sich schon ereignet«, ebd., S. 131.

49 Ebd., S. 174.

50 Ebd., S. 217.

51 Ebd., S. 83.

52 Ebd., S. 156.

53 Ebd., S. 151.

Nikolaus Lobkowicz

Ein neues Heidentum?

Gefahren der New Age-Bewegung für das Christentum

1. *Einleitender Überblick über das Phänomen*

Zur Verbreitung der Bewegung

Seit einigen Jahren ist – von der Welt der Wissenschaft, kirchlichen Autoritäten und staatlichen Bildungszentralen wenig beachtet – immer häufiger von einer *New Age-Bewegung,* von Verkündern und Anhängern eines »neuen Zeitalters« die Rede. Mit Ausnahme traditionell katholischer Länder wie Italien und Spanien scheint sie überall in der westlichen Welt Fuß gegriffen zu haben, aber nach einigem Suchen begegnet man ihr auch in östlichen Ländern, z. B. in Polen. Nach Berechnungen aus dem Jahre 1983 gibt es in den Vereinigten Staaten und Kanada über zehntausend einschlägige Organisationen mit insgesamt über 2500 Büchern und Veröffentlichungen. In Deutschland zählte die Amerikanerin Marilyn Ferguson, deren 1980 erschienenes Buch »The Aquarian Conspiracy« 1982 unter dem Titel »Die sanfte Verschwörung«[1] übersetzt worden ist und rasch zu einer der wichtigsten Veröffentlichungen der »Szene« wurde, über 30 Organisationen und 12 Zeitschriften auf; inzwischen dürfte sich die Zahl vervielfacht haben. Selbst traditionsreiche Buchhandlungen katholischer Verlage halten sich inzwischen einschlägige Abteilungen, meist unter der Überschrift »Esoterik« – wie überhaupt nicht wenige Verlage[2], von denen man im Grunde erwarten dürfte, daß sie es besser wissen, seit ein paar Jahren an der New Age-Bewegung viel Geld verdienen, ähnlich wie sie es in den 70er Jahren mit marxistischer Literatur taten.

Die wohl von der 1949 verstorbenen englischen Theosophin Alice A. Bailey geprägte und von Autoren wie Fritjof Capra, Marilyn Ferguson, David Spangler, Th. Roszak und Sir George Trevelyan popularisierte Bezeichnung »New Age« spielt auf den sogenannten Tierkreis an. Nach astrologischen Vorstellungen, deren Ursprünge bis in die Antike und hinter sie zurückreichen, durchwandert die Sonne alle 2100 Jahre den Bereich eines Tierkreiszeichens und erreicht auf diese Weise ein neues. In den vergangenen über 2000 Jahren bewegte sich die Sonne durch den Bereich der »Fische«; allmählich – genaue Berechnungen sind schwierig, da aufgrund der Richtungsveränderung der Erdachse die Tierkreisbereiche nicht mehr mit den Sternbildern übereinstimmen – tritt sie in den Bereich des Aquarius, des Wassermannes oder eigentlich Wasserträgers ein.

New Age und Astrologie

Natürlich ist Astrologie ein Aberglaube; sie ist wissenschaftlich unhaltbar, da keinerlei verläßliche Zusammenhänge zwischen der Stellung der Gestirne und dem Verlauf eines Menschenlebens bekannt sind, und sie ist – wie schon die Kirchenväter wußten – religiös bedenklich, da sie leicht zu einer Schicksalsgläubigkeit verführt. Es gibt nicht einmal deutliche Anzeichen dafür, daß die Verkünder eines »neuen Zeitalters« selbst an sie glauben. Aber man darf eben nicht die Ausstrahlungskraft von Symbolen unterschätzen, auch und gerade für die New Age-Bewegung. Immerhin waren – wohl in Anschluß an die Wendung von den »Menschenfischern« Mt 4,19 sowie die Anfangsbuchstaben der griechischen Worte »Jesus Christus, Gottes Sohn, Erlöser« – Fische das Erkennungszeichen der jungen christlichen Gemeinde; und das Anbrechen eines »Zeitalters des Wassermanns« wird von Menschen verkündet, die wieder einmal überzeugt sind, daß die Epoche des Christentums sich ihrem Ende zuneigt, der christliche Glaube höchstens einer Kindheitsstufe der Menschheit entspricht. Andere Symbole kommen hinzu: der Regenbogen, der an die »Lichtbrücke« zwischen der kosmischen Göttlichkeit und dem Einzelbewußtsein erinnert; das beziehungsreiche Fabeltier Einhorn, welches die wissenschaftlich nicht faßbaren Geheimnisse der Natur personifiziert; zwei übereinanderliegende Wellenlinien, das Zeichen des Aquarius, die an eine Dualität, zwei Ströme, die sich einmal vereinen werden, erinnern; ineinander in optisch verwirrender Weise verschlungene Kreise, wie sie z. B. vom deutsch-amerikanischen Zeichner M. C. Escher ersonnen wurden; gelegentlich – so bei Bailey – die Zahl 666, die Chiffre des Antichrist Offb 13,18, oder gar das Hakenkreuz.[3]

Freilich wird man achtgeben müssen, nicht zu übertreiben. Inzwischen gibt es vermeintlich kritische Kenner der New Age-Bewegung, die diese hinter jedem Kinderbuch, auf dessen Deckel u. a. ein Regenbogen erscheint, vermuten. Ein anderes Beispiel lohnt ausdrücklich erwähnt zu werden. Alice Bailey gründete zur Verbreitung ihrer Schriften 1922 eine »Lucifer Publishing Company«, die 1937 in »Lucis trust« umbenannt wurde. Gewiß ist es aus christlicher Sicht höchst problematisch, einem Verlag jenen Namen zu geben, der seit alters her den »Oberteufel« kennzeichnet; und in der Tat gibt es theosophische Traditionen, nach welchen der eigentliche Lichtbringer Luzifer ist, und sind aus Kreisen der New Age-Bewegung Ereignisse und Rituale bekannt, die man kaum anders als Satanskulte umschreiben kann. Aber das lateinische Wort »lucifer«, wörtlich »Lichtbringer«, ist auch die römische Bezeichnung für den Morgenstern, also den Planeten Venus; daß aus dieser Bezeichnung der Name des höchsten der gefallenen Engel wurde, rührt von der Deutung einer Stelle bei Jesaja (14,12) durch den Kirchenvater Origenes her, der einen satirischen Abschnitt zum Tode eines babylonischen Königs, vermutlich Nebukadnezzars, als Allegorie des Engelsturzes verstand.

New Age und Okkultismus

Dieses Beispiel zeigt, daß ein mehr oder minder ausdrücklicher Okkultismus mit zum Kern der Vorstellungen der New Age-Bewegung gehört, aber bei der Beurteilung auch und gerade dieses Okkultismus Nüchternheit geboten ist. Es geht zu weit, wenn man – wie z. B. der holländische reformierte Darsteller des Okkultismus van Damm – den Gebrauch von Wünschelruten oder gar Homöopathie als ein Sicheinlassen auf dämonische Kräfte interpretiert. Unsere Naturwissenschaft ist nicht so weit fortgeschritten, daß jegliches Vorgehen, welches von ihr noch nicht erfaßt worden ist oder auch gar nicht erfaßt werden kann (z. B. weil die Naturwissenschaften bestimmte Methoden haben), allein als ein Sichöffnen gegenüber dem Dämonischen gedeutet werden könnte. Wenn man – wie z. B. in Zusammenhang mit einem der Kultorte der New Age-Bewegung, Findhorn im Norden Schottlands, wo eine kleine Gemeinschaft auffallend fruchtbare Gärten anlegt[4] – von Begegnungen mit Faunen und Elfen, ja mit Geistern einzelner Pflanzenarten hört, wird man an erster Stelle an zu lebhafte Phantasie und womöglich Exaltiertheit, nicht an Dämonisches zu denken haben.

2. Der synkretistische Charakter der New Age-Bewegung

Eine neue Gnosis

Überhaupt läßt sich – kulturwissenschaftlich gesehen – die freilich überaus vielfältige Vorstellungswelt der New Age-Bewegung nur schwer mit traditionellen Kategorien fassen. Sie ist ja eine Wiederkehr des Heidnischen, die einerseits durch bestimmte Zweige der modernen Wissenschaft, insbesondere die Psychologie und Sozialwissenschaften, vermittelt ist, bei der aber andererseits nicht – wie dies im 19. Jahrhundert der Fall war – empiristisch-atheistisch, sondern mythologisch und damit oft in Begriffen des ursprünglichen Heidentums, der Vielgötterei gedacht wird. Für die Vertreter der New Age-Bewegung ist die Natur von einer Fülle von Kräften und Personen bevölkert, und wirken auf die Natur Wesen ein, von denen weder die christliche Tradition noch die Wissenschaft etwas wissen. Ob hinter oder über diesen Kräften und Wesen ein personaler Gott verborgen ist, bleibt eigentümlich unklar. Peter Caddy, der Gründer der Gemeinschaft von Findhorn, empfand sich zwar von »Gott« geführt, als er seine erste Frau verließ und anschließend seinem besten Freund die seine buchstäblich raubte, aber die Beziehung zwischen den wunderlichen Wesen, die ihn und seine Frau Eileen bei der Gestaltung seiner Gärten berieten, und dem einen Gott hat ihn offenbar nie sonderlich beschäftigt. Einer der Anziehungspunkte der New Age-Bewegung für die junge Generation von heute besteht darin, daß man als ihr Anhänger pantheistisch oder auch atheistisch ausgerichtet sein kann, ohne deshalb wie früher engstirnig wissenschaftsgläubig sein zu müssen.

Der Kern der Vorstellungen der New Age-Bewegung ist freilich die Behauptung, daß wir uns im Zeitalter einer grundlegenden Umwandlung der menschlichen Beziehungen und Fähigkeiten, auf dem Wege zu einer bisher unbekannten Gestalt des Menschseins befänden. Diese Umgestaltung betrifft zunächst nicht, wie etwa der Marxismus meinte, die äußeren, zumal sozialen Umstände, sondern das Bewußtsein; der klassische utopische Traum, man könne den Menschen verändern, indem man neue sozio-politische Umstände schafft, scheint ausgeträumt. Nun gilt es, eine neue Schau der Wirklichkeit zu gewinnen, die sich von allen dogmatischen Bindungen freigemacht hat, einen »Paradigmen-Wechsel« zu vollziehen[5], der all das, was der jüdisch-christliche Monotheismus und später die auf ihm aufbauende Wissenschaft angeblich verbannt haben, wiederzuentdecken erlaubt.

In theosophischer Tradition

Rückblickend wird man feststellen müssen, daß es für diese neue Gnosis eine Fülle von Anzeichen gab, die heute von der New Age-Bewegung teils zu Recht, teils zu Unrecht als Vorläuferphänomene verstanden werden; nur hat man sie, in den letzten zwei Jahrzehnten vor allem mit der Renaissance des Marxismus beschäftigt, kaum beachtet. Da waren z. B., noch im 19. Jahrhundert, die verschiedenen Weltkongresse eines »freien Christentums«, welche die Gemeinsamkeiten aller, auch der ostasiatischen Religionen hervorhoben. Die Theosophie der Russin Helena Petrovna Blavatsky (1831–1891) konnte in dieser Atmosphäre gedeihen; 1875 gründete sie die Theosophische Gesellschaft, deren Zentrale vier Jahre später nach Adyar, einem Vorort von Madras in Indien, verlegt wurde. Ebenso der Gründer der Anthroposophischen Gesellschaft Rudolf Steiner (1861–1925), der bis 1913 Generalsekretär der deutschen Sektion der Theosophischen Gesellschaft war, wie auch Alice Bailey (1880–1949), die sich um das Jahr 1920 die geheimsten Dokumente der Theosophischen Gesellschaft aneignen konnte, wurden von dieser seltsamen Atmosphäre geprägt und behaupteten, »Privatoffenbarungen« von »Meistern« erhalten zu haben, die – Reinkarnationen historischer Persönlichkeiten, darunter auch Jesu Christi – angeblich unerkannt in Indien oder Tibet lebten. 1948 stellte Bailey in ihrem Buch »Die Wiederkunft Christi« ihre Lehre vom Wassermann-Zeitalter dar; Christus würde zurückkehren, sei vermutlich schon unerkannt unter uns, diesmal freilich nicht, um die Menschen »von den Folgen ihrer eigenen Sünden zu erlösen«, sondern um ihnen zu zeigen, »wie sie sich selbst retten können«.

Eklektizismus und Synkretismus

Marilyn Fergusons überaus geschickt geschriebenes Buch »Die sanfte Verschwörung« vermeidet jede Anspielung auf diese theosophische Tradition. Statt dessen zählt sie Autoren auf, die gelegentlich vom Anbruch eines neuen Zeitalters geschrieben hatten, darunter den sich mit Astrologie und Alchimie befassenden Psychologen C. G. Jung, den trotz seiner stellenweise fast biologistischen Theologie zeitweise überaus wirksamen Jesuiten Teilhard de Chardin[6], aber auch z. B. den science fiction Autor Arthur C. Clarke, nach dessen Buch »The Childhood's End« Stanley Kubricks bekannter Film »Odyssee 2000« gedreht wurde. Andere Autoren müssen mit ihren Theorien herhalten, obwohl sie nie an ein »neues Zeitalter« gedacht hatten, so der amerikanische Wissenschaftshistoriker Thomas S. Kuhn, dessen Lehre vom »Paradigmenwechsel« vornehmlich in fachfremden Kreisen und deshalb meist mißverstanden ein immenses Echo hatte, oder der letzte große Metaphysiker des 20. Jahrhunderts A. N. Whitehead, dessen schwierige Prozeß-Philosophie bei Fachlaien verschiedensten Deutungen zugänglich ist. Es fehlen auch nicht die Idole der Hippie-Generation: der Kommunikationswissenschaftler Marshall McLuhan (der ein gläubiger Katholik war, aber jene Generation mit seiner Aussage faszinierte, der Mystizismus sei die schon heute geträumte Wissenschaft von morgen), der psychologisierende Marxist Erich Fromm, dessen Bücher über die Liebe Kulttexte der 70er Jahre waren, oder Hermann Hesse, der nach dem Zweiten Weltkrieg zu einem der meistgelesenen Autoren der amerikanischen jungen Generation wurde.

Ich zähle diese überbunte Palette auf, um den geradezu extrem eklektischen bzw. synkretistischen Charakter der New Age-Bewegung zu illustrieren: man sucht sich aus den verschiedensten Autoren heraus, was einem einleuchtet und bastelt sich aus ihnen eine Zukunftsvision, die ihrerseits fast beliebig wandelbar ist. Freilich sind dieser Wandelbarkeit Grenzen gesetzt; stets geht es um eine neue, vom Menschen selbst geleistete Ganzheit, in der es nicht mehr wahr und falsch, gut und böse, sondern nur noch Aspekte einer geheimnisvollen Totalität gibt. Das soziopolitische Stichwort ist dabei »Vernetzung«: tausenderlei Initiativen verschiedenster Art, die voneinander oft gar nicht wissen, bilden ein weltweites Netz von Aufbrüchen, die zueinander finden müssen, um die »persönliche und gesellschaftliche Transformation im Zeitalter des Wassermannes« (Ferguson) zu bewirken. Letztlich hat in diesem Netz nur eines keinen Platz: ein religiöser Glaube wie das Christentum, welcher zu wissen behauptet, der eine personale Gott habe sich in einer Weise geoffenbart, die man zwar immer von neuem und tiefer verstehen, aber nicht überholen kann. Jesus Christus hat im Rahmen der New Age-Bewegung nur noch die Funktion eines unter vielen Erleuchteten, als »Meister Maitreya«, der früher schon einmal auf Erden war (z. B. als Buddha), und heute vermutlich zusammen mit anderen vom Himalayagebirge aus wirkt (so Bailey).

Letztlich ist die New Age-Bewegung wenig anderes als die Flucht in eine Zukunft (in dieser Hinsicht dem Marxismus ähnlich, wenn auch ungleich sanfter, weniger aktivistisch), von der man nicht recht zu sagen weiß, ob sie nach der Art naturgesetzlicher Ereignisse voraussagbar kommen wird oder ob sie durch menschliches Tun im weitesten Sinne des Wortes herbeigeführt werden soll. Der Weg in diese Zukunft ist, wie Marilyn Ferguson ausführt, eine »Verschwörung«, freilich nicht eine solche von Revolutionären, die zielbewußt das Bestehende untergraben, um dann am Ende die Macht zu ergreifen, sondern von Menschen, die – in verschiedene Grüppchen und Kleinorganisationen zersplittert – einander durch eine Art »geheimer Losung« erkennen und auf vielen verschiedenen Wegen zum selben Ziel aufgebrochen sind.[7]

Der Traum von innerweltlicher Harmonie

Dieses Ziel, die Fülle des Zeitalters des Wassermannes, ist schwer zu umschreiben. Einerseits ist es wieder einmal der Traum von einer innerweltlichen Harmonie, welche diesmal all das, was die Menschheit im Laufe ihrer Geschichte erfahren, ersonnen und geträumt hat, zu einer Synthese zusammenfassen soll, die ihrerseits den Rationalismus der Wissenschaft, das Spröde der technologischen Konsumgesellschaft, die moderne Zersplitterung der menschlichen Existenz hinter sich läßt. So weit erinnert dieser New Age-Traum – wollte man, was freilich nicht recht möglich ist, von den okkultistischen Neigungen absehen – an so etwas wie das »Richtigwerden der Neuzeit«, von dem auch u. a. Romano Guardini gesprochen hat.[8] Andererseits aber fehlen dieser Zukunft all jene Dimensionen, an welche das Abendland vom Christentum erinnert wurde und wird: die Verbindlichkeit endgültiger Wahrheiten (weil alles in seiner Weise wahr sein soll), die Last der Verantwortung (weil man letztlich von den Gestirnen, kosmischen Weisheiten und »Meistern« geführt wird), die Demut des Gehorsams (weil es wieder einmal der Mensch selbst ist, der sich da auf eine höhere Ebene schwingen will), nicht zuletzt auch die Härte und zugleich der Sinn des Leidens, die innerweltliche Unwiderruflichkeit des Todes, die Schrecklichkeit der Sünde. Gesundheit und unorthodoxe Heilmethoden, teils bewirkt durch neue Bewußtseinszustände, meditative Strategien zur Überwindung von Krankheit oder auch nur Streß, Wege der Aufmerksamkeit, die Schmerz vertreiben oder auch bloß lindern: all dies wird gebührlich hervorgehoben. Aber irgendwie hat man, wenn man New Age-Autoren liest, den Eindruck, keine Entscheidung und kein Ereignis könne endgültig sein, eine echte und endgültige Bindung könne nur der Engstirnigkeit entspringen, den Tod gäbe es nicht.

Eine Gefahr für das Christentum

Bisher hat man sich mit der New Age-Bewegung kritisch vor allem von amerikanischer, zumal evangelikaler Seite befaßt. Dabei ist es auch zu Übertreibungen gekommen, etwa bei der Amerikanerin C. E. Cumbey, die in ihrem 1983 erschienenen Buch[9] nahelegt, die Bewegung sei eine echte Verschwörung, von einem brain-trust irgendwo in Kalifornien geleitet. Solche Übertreibungen sollten uns freilich nicht von der Einsicht ablenken, daß die New Age-Bewegung für das Christentum eine echte Gefahr darstellt, zumal sie sich heute auch in Deutschland, insbesondere an Schulen, wie eine Seuche ausbreitet.

Es ist allerdings nicht einfach zu sagen, mit Hilfe welcher Argumente oder Denkschritte man dieser Pseudo-Religion entgegentreten soll. Einerseits ist sie – im Gegensatz etwa zum Marxismus, den wir eben erst »hinter uns gebracht« haben – so diffus, daß direkte Kritik wenig zu bewirken vermag. In dieser Hinsicht erinnert die New Age-Bewegung an die spätantike Gnosis[10], die – heute weitgehend vergessen – für das junge Christentum die größte Gefahr darstellte: jeder Autor denkt sich eine andere, neue Welt aus, so daß Argumente leicht ins Leere greifen; Märchenhaftes und Realistisches werden fast ununterscheidbar verquickt. Andererseits ist nicht zu leugnen, daß so manche Kritik der Verkünder eines »neuen Zeitalters« an der Gegenwart berechtigt ist; die ganze Bewegung ist ja ein Aufstand gegen eine Neuzeit, die in einen unfruchtbaren Rationalismus, in die Ausschaltung alles Geheimnisses und zumal des Heiligen, in eine von vielen als zerstörerisch empfundene Technologie, in Überorganisiertheit einzumünden droht.

3. Defizite der Kirche

Man wird wohl auch kaum leugnen können, daß die geradezu seuchenartige Ausbreitung der New Age-Bewegung durch Defizite der Kirche und der Christen mitbewirkt ist. Dabei dürfte nicht zuletzt der allgemeine Subjektivismus, der in der Kirche längst heimisch geworden ist, eine wichtige Rolle spielen. Es gibt Glaubensvoraussetzungen, die immer mehr schwinden, insbesondere die Überzeugung von einer »objektiven Wahrheit«. Katholiken sind nicht nur extrem ungebildet geworden, sie legen sich auch immer häufiger ihren Glauben fast nach Belieben zurecht. Heute sind viele junge Katholiken von der New Age-Bewegung fasziniert; die Zahl jener, die nicht einsehen, warum nicht die Lehre der Reinkarnation zutreffen sollte, wächst.

Kirche des Establishments?

Es ist keine Neuigkeit festzustellen, daß schon seit einiger Zeit fernöstliche Sekten unter Kindern auch und gerade christlicher Familien eine besondere Anziehungskraft haben. Diesen Jungen, heute meist im Schüleralter, begegnet die Kirche offenbar vor allem als eine »Institution«, die es überdies mit dem soziopolitischen »Establishment« hält, nicht als eine Alternative zu einer aus christlicher Sicht säkularisierten, aus der Sicht der New Age-Bewegung unerträglich nüchternen, hektisch auf Erfolg in

Karriere und Produktion abgestellten Welt. Die Römische Bischofssynode vom Dezember 1985 hat nachdrücklich darauf hingewiesen, daß seit dem Konzil das »Geheimnis Gottes durch Jesus Christus im Heiligen Geist«, aus dem sich das »mysterium ecclesiae«, das Geheimnis der Kirche nährt, durch »einseitig soziologische Konzeptionen« verdeckt worden ist[11]; auf diese Weise wird die Kirche (wie etwa derzeit sehr deutlich bei den evangelischen Brüdern) zu einem Ort des sozialen und politischen Aktivismus, während sich das menschliche Bedürfnis nach einem das nüchtern Alltägliche übersteigenden Geheimnis andere Wege suchen muß. Allerdings – und dies ist heute wohl das bedeutsamste Defizit der Kirche – kann man das »mysterium ecclesiae« nicht einfach mit theologischen Reflexionen herbeibeschwören; die Kirche und die Kultur der Christen sind auch gleichsam zu symbolarm geworden, um das Bedürfnis junger Menschen nach tieferen Dimensionen zu befriedigen. So sucht man diese im Okkultismus (während die Theologie, ja selbst die nachkonziliare Gestaltung der Begräbnisliturgie verschweigt, daß wir eine unsterbliche Seele haben), im Märchenhaften (da alle Wunder, sogar jene Jesu Christi selbst, der »Entmythologisierung« verfallen sind), in einer Naturmystik (da wir schon seit langem fast nur noch von der Erlösung, kaum noch von der Schöpfung gesprochen haben). Es genügt also nicht, über die New Age-Bewegung aufzuklären, man muß sich vielmehr fragen, warum sie so viele anzieht. Ist es das Märchenhafte in einer hoffnungslos nüchternen Welt? Ist es das Geheimnisvolle angesichts eines viel zu rational gewordenen Glaubens? Ist es, weil die New Age-Bewegung »Untergrund« ist – und die Kirche zum Establishment gehört?

Die Entfremdung zumal breiter Kreise der jungen Generation gegenüber der Kirche ist unübersehbar. Romano Guardini schrieb in den dreißiger Jahren, die Kirche erwache in den Herzen der Jungen. Obwohl es auch neue Aufbrüche gibt, trifft diese Aussage heute leider nicht mehr zu. Die Kirche steht im schlechten Licht da, weil sie (auch) eine Institution und etabliert ist. Institutionen stehen bei jungen Menschen im vorhinein unter Verdacht. Nicht zufällig waren die beiden wirkmächtigsten Philosophien der Nachkriegszeit bekanntlich der Existentialismus und der Marxismus, beide in verschiedener Weise Gegner des Staates und des Institutionellen.

Es wäre freilich wohl zu billig, die Ausbreitung der New Age-Bewegung, von der heute noch nicht recht zu sagen ist, ob sie sich bloß als eine aufgrund unserer Medienkultur weitverbreitete modische Schrulle oder eine langfristige und deshalb höchst bedenkliche Wendung des Zeitgeistes erweisen wird, allein auf den kirchlichen Institutionalismus oder auch auf Verengungen der nachkonziliaren Zeit zurückzuführen. Einerseits leben wir eben in einer Zeit, die schon lange vorbereitet worden ist, in welcher gerade die euro-amerikanische Kultur aufzuhören beginnt, christlich zu sein – und nun plötzlich, nachdem sie lange im Materialismus und Atheismus, in Denkformen, die zwar antichristliche waren, aber nur auf christlichem Humus wachsen konnten, das Heidnische wiederentdeckt. Heute gibt es ja selbst Formen eines Konservatismus, der sich bewußt polytheistisch gebärdet, so jenen des Cheftheoretikers der französischen »Nouvelle droite« Alain de Benoist (man vergleiche seine unter dem Titel »L'éclipse du sacré« erschienene Auseinandersetzung mit dem Katholiken Thomas Molnar).[12]

Entmythologisierte Welt

Andererseits wird man sich über ein Thema Gedanken machen müssen, das schon Nietzsche angedeutet hat, und über welches man sich deshalb als Christ schwer tut zu sprechen. Das Christentum hat die heidnischen Götter verbannt und statt ihrer den einen dreifaltigen Gott verkündet. Sofern dies eine echte Verkündigung war, wird der Christ kein »Wenn« und »Aber« hinzufügen. Aber es war eben nicht immer *nur* Verkündigung, denn das Christentum hatte sich auch mit dem Rationalismus der griechischen Philosophie und dem Rechtsdenken des Römischen Reiches verschwistert. Dies ist ein Prozeß der Inkulturation, der – so wichtig er für die volle Entfaltung des Christlichen sein mag – langfristig auch Gefahren in sich bergen kann. Das Christentum hat im Zuge seiner Inkulturation u. a. auch eine Entmythologisierung der Welt (ohne welche moderne Wissenschaft und Technologie nie denkbar gewesen wären) bewirkt, die Jahrhunderte später auf das Christentum selbst zurückzuwirken begann. Nun leben wir inmitten einer entmythologisierten Welt, die uns nur noch als Material unseres Gestaltungswillens und unserer Konsumfreudigkeit begegnet, und inmitten eines weitgehend entmythologisierten Christentums, das zu ethischen Direktiven und Gerechtigkeitsmaximen für eine »bessere Welt« verblaßt.

Damit hat aber, so sieht es jedenfalls aus, die christliche Kultur den Humus aufgelöst, ohne den sie selbst nicht hätte aufblühen können. Als das Christentum sich auszubreiten begann, war es nicht wie in der Neuzeit mit einem Atheismus, sei er latent oder militant, konfrontiert. Es predigte die göttliche Offenbarung zu einer Welt, in welcher buchstäblich alle geradezu abergläubisch an ein mit vielerlei Wesen bevölkertes Jenseits, an eine mit unheimlich Wunderbarem erfüllte Natur, eine geistdurchwirkte Wirklichkeit »glaubten«. Die christliche Botschaft wurde als befreiende Antwort auf eine unheimliche Wirklichkeit empfunden, in welcher Menschen nicht wußten, ob sie die Götter und Geistwesen verehren oder fürchten sollten, sie diese am Ende meist bloß deshalb verehrten, weil sie meinten, sie besänftigen zu müssen. Diese von Mythen geprägte Kultur ist von einem wohl zu sehr auf Rationalität abgestellten westlichen Christentum oder doch von einer Spätphase der christlichen Kultur so sehr zerstört worden, daß am Ende nur noch Kindermärchen übrig blieben, die an sie erinnerten. Es ist wohl kein Zufall, daß die New Age-Bewegung durch eine literarische Welle vorbereitet worden ist, deren Autoren »Märchen für Erwachsene« schrieben. Sie reicht von Tolkien bis zu einer vor rund 10 Jahren einsetzenden science fiction, in der mehr Zauber als technische Innovation vorkommt. In früheren christlichen Zeiten dagegen wurde die Mythenwelt zwar nicht eigentlich in den Glauben, aber doch in das Leben der Kirche integriert; man denke etwa an die auf der Westseite der Kirchen errichteten Michaelstürme der Karolingerzeit, die vor dem aus dem occidens kommenden Bösen schützen sollten, oder an Formen des Exorzismus bei der Taufe und verschiedenen Weihen, an welche Ältere unter uns sich noch gut erinnern können.

Die Bedürfnisse des heutigen Menschen und der christliche Glaube

Auf welches Bedürfnis des Menschen antwortet der christliche Glaube heute? Man bekommt nicht selten zu hören, es sei die »Sinnfrage«, auf welche das Christentum antworte; der in Zürich lehrende Philosoph Hermann Lübbe hat erst kürzlich in seinem gescheiten Buch mit dem Titel »Religion nach der Aufklärung«[13] zu zeigen versucht, Religion antworte auf jene Fragen, welche die Wissenschaft unbeantwortet lassen müsse, setze uns »in ein vernünftiges Verhältnis zur unverfügbaren Kontingenz unseres Lebens und seiner unverfügbaren Bedingungen«.[14] Dabei wird leicht übersehen, daß dies eine ganz moderne Schau ist: das Christentum verstand sich nie als Antwort auf die Sinnfrage überhaupt, da es vor dem 19. Jahrhundert nirgends eine Kultur gab, die sich fragte: »Hat unser Leben überhaupt einen Sinn?« Vielmehr wurde das Christentum zwar als die wahre, befreiende, erlösende Antwort auf das menschliche Bedürfnis nach Erfüllung erfahren, aber doch eben als eine Antwort neben vielen anderen, mit denen es erfolgreich konkurrierte.

Was die Kirche zu vermelden hat, gilt unter jungen Menschen heute häufig als langweilig – und ist es in einer Weise auch. Es fehlen nicht nur die Heiligen, es fehlen auch die Theologen und Prediger, welche die Kunst beherrschen, das Tradierte neu zum Leuchten zu bringen. Die Botschaft des Marxismus klang und jene der verschiedenen Facetten der New Age-Bewegung klingen ungleich faszinierender. Nur wenige erleben die Heilige Schrift oder auch die Konzilstexte (die ja non leguntur) als etwas Aufregendes. Es fehlen die Kultur und die Geistesbildung, die sie als aufregend, als ein Abenteuer erfahren lassen.[15]

Die Rückkehr zum Heidentum und einer neuen Art von Gnosis, die sich in der New Age-Bewegung abspielt, ist jedoch zweifellos auch dadurch mitveranlaßt, daß das Christentum in der jüngsten Neuzeit gewissen Bedürfnissen des Menschen nicht hinreichend entgegengekommen ist: dem menschlichen Sinn für das Wunderbare, seiner Sehnsucht nach sinnerfülltem Geheimnis, dem im Grunde wohl ästhetischen Bedürfnis nach Zauberhaftem, das höchstens in Symbolen und nie ganz zugänglich ist. Man könnte einwenden, dieser Verdrängungsprozeß sei doch nicht vom Christentum, sondern von der Aufklärung verursacht worden. Aber die Aufklärung, wie wir sie in der westlichen Welt kennen, ist eben auch, vielleicht sogar vor allem ein Phänomen einer christlichen Kultur; in ihrer Weise beginnt sie ja schon mit der Scholastik, die nicht zufällig im östlichen, etwa russischen Christentum fehlt.

Dies alles kann nun freilich nicht besagen, wir Christen sollten dem neuen Irrationalismus, wie er sich in der New Age-Bewegung ausdrückt, nachgeben. Im Gegenteil: man wird sich ausdrücklicher als bisher fragen müssen, ob es denn sinnvoll sein kann, Exerzitien z. B. in der Gestalt von Zen-Meditationen abzuhalten, oder so zu tun, als wäre für uns Europäer Fernöstliches ein geeigneter Weg zu einem vertieften christlichen Glauben.[16]

Die Kirche muß jedoch ihre Botschaft zugleich so zu verkünden versuchen, daß die letztere als Erfüllung der tiefsten und geheimsten Sehnsüchte des Menschen vernommen werden kann. Sie sollte immer wieder von neuem für Jesus Christus »schwärmen« – und seine Botschaft und ihn selbst in den »kosmischen« Zusammenhang stellen, in dem er ja steht.[17] Die Kirche muß wieder die ganze Tiefe dessen, was sie verkündet, vorweisen können. Die frühen Kirchenväter sahen den Glauben als die Erfüllung der Weisheit der Philosophen. Dies ist angesichts der modernen Wissenschaft zwar ein wenig schwieriger darzustellen, aber nicht grundsätzlich unmöglich.

Wir sind in einer Kultur aufgewachsen, die sich, wollte sie ihre Bemühungen um Rationalität aufgeben, zerstören würde; und sie würde sich zweifach zerstören, wollte sie einem Neuheidentum nachgeben, das im Gegensatz zum Atheismus diesmal wirklich eine Rückkehr zur heidnischen Vorstellungswelt zu sein scheint. Es kann nur darum gehen, für das Christentum den Sinn für das Mysterium wiederzugewinnen, auch und gerade des Geheimnisses der Schöpfung. Daß dies nicht ohne eine Rückkehr zu einer erneuerten Gestalt z. B. der klassischen Metaphysik möglich sein dürfte, wäre einer eigenen Untersuchung wert.

Anmerkungen

1 M. *Ferguson,* Die sanfte Verschwörung. Persönliche und gesellschaftliche Transformation im Zeitalter des Wassermanns, Basel 1982.
2 An der Produktion ganzer »New Age« – und Esoterik-Buchreihen sind so nicht nur etwa der Knaur-, Heyne- und Goldmann-Verlag, sondern auch Verlagshäuser wie Kösel und Herder beteiligt.
3 Zur Vielfalt dieser Symbolwelt vgl.: E. *Gruber/S. Fassberg,* New-Age-Wörterbuch, Freiburg 1986.
4 Hiervon inspiriert ist ein weiterer »Klassiker« des New Age, nämlich D. *Spangler,* vgl. seinen Titel »New Age – Die Geburt eines Neuen Zeitalters«, Frankfurt a. M. 1978 (Original 1971).
5 Vgl. zum »Paradigmenwechsel«: F. *Capra,* Wendezeit – Bausteine für ein neues Weltbild, Bern/München 1983, S. 51–103.
6 *Teilhard de Chardin* gehört heute zu den in der New Age-Szene gern zitierten Autoritäten. Eher fragwürdige »Synthese«-Versuche von New Age-Spiritualität und christlichem Glauben finden sich z. B. bei G. *Schiwy,* Der Geist des Neuen Zeitalters. New Age-Spiritualität und Christentum, München 1987.
7 Dies wird auch als geradezu »evolutionärer« – Sein und Bewußtsein umgreifender – Prozeß gedeutet, vgl. hierzu: K. *Wilber,* Halbzeit der Evolution. Auf dem Weg vom animalischen zum kosmischen Bewußtsein, Bern/München 1984 (Orig.: Up from Eden 1981).
8 Vgl. R. *Guardini,* Das Ende der Neuzeit, Würzburg 1950: vgl. auch H.-B. *Gerl,* Romano Guardini, Mainz 1985, S. 38 ff.
9 C. E. *Cumbey,* The Hidden Dangers of the Rainbow, The New Age Movement and Our Coming Age of Barbarism, Shreveport 1983; dt. Ausgabe: Die sanfte Verführung. Hintergrund und Gefahren der New Age-Bewegung, Asslar [7]1987.
10 Vgl. hierzu: M. *Kehl,* New Age und die spätantike Gnosis, in: *ders.,* New Age oder Neuer Bund?, Mainz 1988.
11 Synodus Episcoporum, Ecclesia Sub verbo Dei etc., Vatikanstadt 1985, 8.
12 A. *de Bénoist/Th. Molnar,* L'éclipse du sacré. Paris 1986.
13 H. *Lübbe,* Religion nach der Aufklärung, Graz/Wien/Köln 1986.
14 Ebd., S. 17.
15 Vgl. N. *Lobkowicz,* Zur Weitergabe des Glaubens, in: IKZ-Communio, 18 (1989), S. 187–192.
16 Vgl. neuerdings zu dieser Problematik das Schreiben der Glaubenskongregation an die Bischöfe der kath. Kirche über einige Aspekte der christlichen Meditation, vom 15.10. 1989 (Verlautbarungen des Apostolischen Stuhls Nr. 95, hrsg. v. Sekretariat d. Dtsch. Bischofskonferenz).

17 Dies freilich nicht in der synkretistischen Weise der Theorie vom ›kosmischen Christus‹, wie sie wiederum *Günther Schiwy* unter Berufung auf *Teilhard de Chardin* entworfen hat, vgl. *ders.*, Der kosmische Christus – Spuren Gottes ins Neue Zeitalter, München 1990.

Gerda Riedl

»Kosmischer Christus« und »Christus der Kirche«

Ein kommentierter Literaturbericht über mögliche Verhältnisbestimmungen zwischen New Age und Christentum

1. Annäherung oder Distanzierung?

Konzeption und Proklamation des Neuen Zeitalters gehören mittlerweile offenkundig der Vergangenheit an. »Es scheint, daß New Age im Zeitgeistdenken auf der Wasserscheide von Unwert zu Wert angekommen ist.«[1] Das Neue Zeitalter floriert: Gefüllt mit einschlägigen Titeln präsentieren sich heute allenthalben Verlagsprogramme und Buchhandlungsregale. Den Auguren einer eigentümlich konturlosen und mitunter gefährlich fluoreszierenden Bewegung scheint längerfristiger Erfolg beschieden. Gespeist aus den aufbrechenden Quellen einer Neuen Religiosität und von Traditionsferne oder Kirchenmüdigkeit begleitet, finden weltanschaulicher Synkretismus, ethische Anspruchslosigkeit und verführerische Selbsterlösungs-Utopien der New Age-Propagandisten angesichts einer grassierenden Kultur- und Orientierungskrise enormen Widerhall.

Erfolg und Expansion der New Age-Bewegung evozieren seither nachhaltige Kritik an gesellschaftspolitischer Gefährdungsmacht und intellektueller Unausgegorenheit verschiedenster Grundmaximen des Neuen Zeitalters. Joviale Widerlegungsversuche der Neuen Linken[2] vermochten die New Age-Begeisterung freilich ebensowenig einzudämmen wie *Umberto Ecos* scharfzüngige Verdikte.[3] Existentiell nicht ernstgemeint, verhallte solche Kritik letztlich nicht ernstgenommen.

Dagegen setzen christliche Publikationen vor dem Hintergrund rasant wachsender Relevanz der New Age-Bewegung für Pastoraltheologie und Gemeindearbeit seit längerem auf profunde Auseinandersetzung mit der ›Herausforderung New Age‹.[4] Dennoch zeichnet sich weder ein interkonfessioneller noch ein bekenntnisgebundener Bewertungskonsens ab. Vom Facettenreichtum dieser religiösen Strömung zusätzlich begünstigt, werden wechselweise Diskussions-, Konfrontations- oder Integrationsstrategien favorisiert: Faszinationsgefühle angesichts (vermeintlich) utopischer Potentiale der New Age-Bewegung und Erneuerungshoffnungen für (angeblich) erstarrte Kirchen stehen gegen Heterodoxieängste und

Unvereinbarkeitswarnungen, grundsätzliche Abneigungen gegen unverhohlene Sympathien. Inmitten dieser divergierenden Verhältnisbestimmungen und einer unübersichtlichen Publikationslandschaft tun Informations- und Entscheidungshilfen not. Als kommentierter, gleichwohl keineswegs vollständiger oder gar gültiger Literaturbericht sucht der vorliegende Beitrag dem beschriebenen Bedürfnis (nach Kräften) gerecht zu werden.

2. Plädoyers für eine Annäherung

Häufig vereinnahmte Gewährsleute

Zu den häufig bemühten und zitierten Gewährsleuten für die Konvertierbarkeit zwischen christlichen Positionen und Neuer Religiosität zählt neben *Pierre Teilhard de Chardin* (1881–1955) der jüngst verstorbene Jesuitenpater *Hugo Makibi Enomiya-Lassalle* aus Westfalen (1898–1990). Während jedoch Teilhard de Chardins mystisch-kosmologische Weltsicht paläontologischen Studien entwuchs, nutzte Hugo Enomiya-Lassalle meditative Techniken des japanischen Zen-Buddhismus zur Intensivierung christlicher Gotteserfahrung. Trotz seines biblischen Alters befaßte sich Hugo Enomiya-Lassalle noch während seines letzten Lebensjahrzehnts mit dem Phänomen der Neuen Religiosität. In seinem lesenswerten Büchlein ›*Am Morgen einer besseren Welt. Der Mensch im Durchbruch zu einem neuen Bewußtsein*‹[5] analysiert der Autor die Gefährdungen der Moderne nüchtern und ohne erhobenen Zeigefinger. Zwar erwartet Hugo Enomiya-Lassalle im Sinne seiner Zen-Spiritualität die Überwindung krisenverursachender Dualismen und die zunehmende Transparenz des (personalen christlichen) Gottes im Universum als Durchbruch zu einem neuen, integralen Bewußtsein. Nichtsdestoweniger erteilt er menschlichen Selbsterlösungsphantasien eine klare Absage. »Allerdings steht es nicht in der Macht des Menschen, eine weitere Bewußtseinsmutation herbeizuführen, ebensowenig wie es von ihm abhing, daß er Mensch wurde.«[6] Hierin und mit seiner unmißverständlichen Warnung vor dem rein Irrationalen unterscheidet sich der Autor grundlegend von seinen New Age-inspirierten Auslegern.[7] Ähnliche Eindrücke vermittelt auch die Lektüre einer von *Roland Ropers* herausgegebenen Textauswahl aus den Werken *Hugo Enomiya-Lassalles*[8], dessen Lebensweisheit und eirenische Gesinnung auch jene beeindruckt, die Zen-Meditationen eher ferne stehen. Vor diesem Hintergrund muten kaum legitimierbare Vereinnahmungsstrategien der Verfechter einer weitgehenden Synthese zwischen Christentum und Neuem Zeitalter eher befremdlich an.

»Remystifizierung« der Natur

Unter ihnen ist der theologisch und germanistisch gebildete Verlagslektor *Günther Schiwy* zweifelsohne einer der Prominentesten. Anfangs mit literatursoziologischen Untersuchungen hervorgetreten[9], gilt sein Hauptwerk Person und Zeit Pierre Teilhard de Chardins.[10] Eigenen Aussagen nach brachte ihn dessen Rezeption durch Marilyn Ferguson, einer führenden Theoretikerin der New Age-Bewegung[11], mit dieser Strömung in Kontakt. Seither bemüht sich Günther Schiwy um eine Verschmelzung christlicher Spiritualität mit vermeintlich zukunftsweisend-avantgardistischen Elementen der New Age-Bewegung.[12] Anläßlich der aktuellen (ökologischen bzw. politischen) Krisenlage (›Die apokalyptische Situation‹) geht sein 1987 publiziertes Buch *»Der Geist des neuen Zeitalters«*[13] mit dem traditionellen Christentum denn auch hart ins Gericht (›Von der Erblast des Christentums‹). Statt dessen erblickt Günther Schiwy die einzige Überlebenschance der Menschheit in einer ›Remystifizierung‹ der Natur (einschließlich des Menschen) und der Suche nach optimalen Lebensbedingungen (›irdischer Garten Eden‹) mit Hilfe einer pazifizierend-entselbstigenden ›Transformation des Bewußtseins‹, der Aufhebung des neuzeitlichen Widerspruches zwischen ›Naturwissenschaft und Spiritualität‹ sowie ganzheitlichen Denk-Handlungsmaximen (›Die Neuerschaffung der Welt‹). Solche Anleihen bei der New Age-Bewegung lassen sich nach Meinung des Autors im Geiste Augustins, des Paters Enomiya-Lassalle und der exzessiv benutzten Enzyklika Papst Johannes Pauls II. über das Wirken des Heiligen Geistes[14] problemlos legitimieren. »Auf Grund der Zusammenhänge und Parallelen, die wir aufgezeigt haben, drängt sich der Schluß auf: Der Geist des Neuen Zeitalters ist der Geist Gottes. Das läßt uns hoffen und fordert uns auf, an der ›sanften Verschwörung‹ mitzuwirken.«[15] Allerdings scheinen bezüglich dieser Einschätzung des Autors gelinde Zweifel angebracht: Die unbesehene Gleichsetzung von ›Tomaten-‹ und ›Kürbis-Devas‹ mit den Engeln der christlichen Tradition kann ebensowenig überzeugen wie die Identifikation panentheistischer Kosmologie mit dem biblischen Glauben an einen personalen Schöpfergott[16] oder die suggerierte Reduktion des christlichen Vorsehungsglaubens auf eine blinde Versorgungsmentalität.

»Der kosmische Christus«

Trotz ähnlich lautender Kritik namhafter Theologen ist Günther Schiwy sich auch mit seinem jüngsten Buch ›Der kosmische Christus‹[17] durchaus treu geblieben. Entstanden auf die »Bitten vieler Christen und Nichtchristen« hin und genährt von Günther Schiwys Interpretation Teilhard de Chardins, »den Wiederentdecker und Verkünder des Kosmischen Christus«[18], präsentiert der Autor in konsequenter Fortentwicklung seiner Gedanken den ›Kosmischen Christus‹ als Inbegriff göttlicher Energieströme im wohlgeordneten All-Einen. »Der Kosmos ein wunderbarer Organismus, in unserer Sprache: der Kosmische Christus.«[19] Als Kronzeugen dieser für genuin christlich erachteten Grundmaxime requiriert Günther Schiwy eine »Wolke von Zeugen« (Hebräerbrief 12,1) aus Theologie- und abendländischer Geistesgeschichte. Trotz überraschender Einblicke geht es aber neuerlich nicht ohne unziemliche Vereinfachungen, fragwürdige Vereinnahmungen und problematische Gleichsetzungen ab. So kehrt sich letztlich Blaise Pascals von Günther Schiwy selbst aufgegriffenes Wort, »der Ursprung der Häresie sei der Ausschluß einer der gegensätzlichen Wahrheiten, die es im christlichen Glauben festzuhalten gelte«[20], gegen den um eine ernsthafte Glaubensvertiefung ringenden Autor selbst: Die unbedingt notwendige Reflexion auf theologische Dimensionen der menschlichen Mitverantwortung für die Schöpfung sollte nicht in einer einseitigen Umprägung christlicher Schöpfungstheologie zu kosmischer Einheitsspekulation enden.

Die Vorstellung vom ›kosmischen Christus‹ findet sich nicht nur bei Günther Schiwy. Anders beschrieben, radikalisiert und mit pseudochristlichen Surrogat-Floskeln versetzt, begegnet sie auch in der provokant betitelten Publikation ›*Was geht New Age die Christen an? Brücken zum gegenseitigen Verständnis*‹.[21] Wesentlich entschiedener als Günther Schiwy artikuliert das Autorenpaar *Karl Ledergerber* und *Peter Bieri* mit der Hoffnung auf ein irdisches Paradies (im Zeichen der Bergpredigt) grundstürzende Kirchenkritik. »So hat, (...), auch das historische Christentum äußerlich versagt und ist auf Golgotha angelangt, wo es aus dem alten ins neue Zeitalter hineinsterben muß.«[22] Konsequenterweise betrachten beide Autoren ein abgelebtes Christentum lediglich als Katalysator für das Gefährdungspotential der New Age-Bewegung. Unter diesen Umständen kann auch die schwärmerische Verbindung mit chiliastischen Hoffnungen auf ein ›tausendjähriges Reich‹ im Gefolge Joachims von Fiore und den gnostizierenden Anschauungen David Spanglers[23] nicht mehr überraschen. Entgegen ihrer erklärten Absicht haben Karl Ledergerber und

Peter Bieri ›Brücken zum gegenseitigen Verständnis‹ vorerst wohl abgebrochen.

»Heilsame Glaubenskräfte«

Pflegten die bisher besprochenen Diskussionsbeiträge eher eine theoretisch-theologische Diktion, so begreift der katholische Religionspädagoge und Gemeindeassistent *Rüdiger Kerls* seine Publikation ›*Heilsame Glaubenskräfte*‹[24] als dezidiert praxisorientierte Konfrontation christlichen Gemeindelebens mit Anregungen und Gefahren der New Age-Spiritualität. Letztere minimiert der Autor allerdings zugunsten grobmaschig skizzierter und für bereichernd erachteter Potentiale des ›New Age‹ (›Die Kirche auf dem Weg ins Neue Zeitalter‹). »Daher ist die New Age-Bewegung einerseits ein fruchtbares Lernfeld für die Kirche im Ringen um eine zeitgemäße Glaubensvermittlung, andererseits eine wirkkräftige Bundesgenossin bei der Arbeit, bei der Transformation zu einer neuen Kultur, von der wir hoffen sollten, daß sie eine bessere wird.«[25] Materialien und kommentierte Literaturempfehlungen beschließen ein pastoral gesättigtes, mitunter freilich allzu ›erfahrungsseliges‹ Erstlingswerk des jungen Autors. Leider korrespondiert der begrüßenswerten Praxisnähe nur selten eine angemessene theologische Reflexion: So verkürzt Rüdiger Kerls etwa die christliche, von Gott her und auf Gott hin gedachte Anthropologie um ihre transzendente Dimension zu profaner Anthropozentrik im Geiste des New Age – inspirierter und praktizierter Hypostasierung des menschlichen Selbst.[26] Notwendigerweise gilt ihm das sakramentale Bußgeschehen daher als eine regelmäßige, bedrückende und erniedrigende Belastungsprobe menschlicher Selbstwertgefühle. Die befreiende Chance einer Aufarbeitung und Vergebung persönlicher Schuld bedeutet ihm wenig. ›Heilsame Glaubenskräfte‹ erwartet sich Rüdiger Kerls lieber von den rückhaltlos optimistischen Bewältigungsstrategien des Neuen Zeitalters.[27]

3. Im Bewußtsein der Distanz

Gegenüber den Fürsprechern einer weitgehenden Interessen- und Glaubenskongruenz zwischen Christen und Anhängern der New Age-Bewegung bilden deren Kritiker unbestritten die Mehrheit. Umso überzeugender wirkt daher die Bereitschaft einiger distanzierter Autoren, den leicht belegbaren Synkretismus-Vorwurf an die Adresse der New Age-Bewegung versuchsweise auch am traditionellen und gegenwärtigen Christentum selbst zu überprüfen.

Der Synkretismus-Vorwurf

Eine Reihe von Theologen und Philosophen stellen sich im Sammelband ›Neu glauben? Religionsvielfalt und neue religiöse Strömungen als Herausforderung an das Christentum‹[28] dieser Aufgabe. Ausgehend von religionswissenschaftlichen Begriffserläuterungen werden dort zunächst historische Fallbeispiele auf synkretistische Elemente hin untersucht. Wegen der gleichzeitig geübten Praxis von Anknüpfung und Widerspruch entzieht sich dabei – der Auffassung Henning Paulsens nach – letztlich selbst die rezeptionsfreudige Zeit des Ur- und Frühchristentums dem Synkretismus-Vorwurf. Ähnliche Vorbehalte hinsichtlich der Applikation des Synkretismus-Begriffes auf ein ›polykulturelles Christentum‹ der Moderne äußern auch andere Autoren wie Peter Rottländer oder Karl-Fritz Daiber. Christof Schorsch wiederum – bereits mit einer philosophischen Abhandlung über das Neue Zeitalter hervorgetreten[29] – sucht die Stimmigkeit des Synkretismus-Vorwurfes für die New Age-Bewegung und ihre Sympathisanten nachzuweisen. »Kombinatorik tritt (...) an die Stelle der kritischen Prüfung. Und dies scheint mir ein mehr oder minder drängendes Problem aller Synkretismen zu sein. Daß die NAB (New Age-Bewegung, Anm. der Verf.) dieses Problem noch nicht einmal ansatzweise erkannt, geschweige denn selbstkritisch aufgegriffen hat, zeigt, daß das, was ihr auch und gerade fehlt, geistiges Niveau und Problembewußtsein sind. Aber darin steht sie, bekanntermaßen, nicht allein.«[30] Dennoch bietet Christof Schorschs unwirsche Stellungnahme keineswegs das gültige Fazit dieser facettenreichen Aufsatzsammlung zu einem Kernproblem der Verhältnisbestimmung zwischen New Age und Christentum. Mit Michael von Brück und Wolfgang Greive kommen abschließend zwei Autoren zu Wort, die ein zukünftiges Christentum vom Synkretismus weder frei wünschen noch sehen.[31]

Entschiedene Ablehnung des Neuen Zeitalters

Dagegen fällt der evangelische Theologe und Gründer einer christlichen Kommunität bei Oslo, Joachim Friedrich Grün, durch seine entschlossene Ablehnung des Neuen Zeitalters auf. Trotz des plakativen Titels ›Die Fische und der Wassermann. Hoffnungen zwischen Kirche und New Age‹[32] besticht Joachim F. Grüns Publikation durch bemerkenswert konzise Gliederung, durchdachte Begrifflichkeit und recht informative Darstellungen zur ›Fundamentalkrise unserer Zeit‹ und der ›New-Age-Bewegung‹. Auch versöhnlichen Assoziationen des Buchtitels tritt der Autor über weite Strecken seines Werkes entgegen. Von einem fundamentalistisch und ausschließlich christozentrisch anmutenden Ansatz her läßt er an der Unabdingbarkeit einer ›Taufe‹ des Neuen Zeitalters keinen Zweifel (»Der ›getaufte‹ Holismus«). »Aber wenn es nicht zu einer letzten Schlacht zwischen der jüdisch-christlichen und der esoterischen Tradition kommen soll und wenn sich das Herrsein Christi auch über die esoterische Tradition erweisen soll, dann kann dies wohl nur so geschehen, daß die esoterische Tradition ›getauft‹ wird. Der voranschreitende Sieg des Reiches Gottes, in dem sich Christus alles unterwirft und Gott schließlich ›alles in allem‹ sein wird, ist nicht aufzuhalten.«[33] Erfreulicherweise repräsentiert dieser kämpferische Duktus nicht Joachim F. Grüns letztes Wort. Unter dem Stichwort ›Trinitarische Frömmigkeit‹ stellt er der Pflicht zur missionarischen Begegnung mit dem Neuen Zeitalter eine kritische Selbstbesinnung der christlichen Kirchen an die Seite. »So zwingt uns New Age geradezu zur Wiederentdeckung der eigenen Frömmigkeitstraditionen, zu einem erneuten Ernstnehmen des inneren Lebens. Gebet und Meditation müssen wieder selbstverständlich werden, nicht zuletzt auch für die so termingeplagten Hirten und ihre gestreßte Herde. Hier wäre vom Pietismus, aber nicht zuletzt auch von der klösterlichen Tradition viel zu lernen.«[34]

Herausforderung für Christen

Die zuletzt zitierten Sätze Joachim F. Grüns decken sich mit einem langjährigen Grundanliegen des katholischen Jesuitenpaters und Experten für mittelalterliche Mystik, *Josef Sudbrack*. Vor allem sein Beitrag zur ›Neuen Religiosität‹ als ›Herausforderung für die Christen‹[35] erweist sich als ausgewogene Mischung zwischen sachlicher Information, theologischer Reflexion und eirenischer Auseinandersetzung mit der gegnerischen Position. Gespeist von unterschiedlichsten Wissens- und Glaubensgebieten (Weltreligionen, Esoterik, Philosophie, Psychologie, Soziologie), sieht Josef Sudbrack selbst in zeitgenössischen Strömungen wie Feminismus und Ökologie neu aufkeimende Religiosität am Werk. Deren pastoraltheologische Virulenz wiederum lokalisiert er in einer bedenkenlosen synkretistischen Vereinnahmung angeblicher Zeugen (Meister Eckhart, Teilhard de Chardin u. a.). Eindringlich mahnt Josef Sudbrack deshalb die Notwendigkeit einer Orientierungshilfe für die christlichen Gemeinden an. Hierzu leistet sein eigener Beitrag eine Konfrontation essentieller Inhalte der ›Neuen Religiosität‹ mit dem christlichen Gottesbild. »Einer aber, Jesus

Christus, hat uns durch sein Leben, sein Tun und seine Worte das gesagt, was der Mensch nur ertastend ahnen kann. Er hat das Geheimnis nicht entschleiert, weder durch intellektuelles Wissen, noch durch irgendwelche ›mystischen‹ Selbst-Sicherheiten – was doch die Grundversuchung der ›Neuen Religiosität‹ ist; er hat das Geheimnis gelebt in der Hingabe seines Lebens und besiegelt durch seinen Kreuzestod.«[36] Ob der sympathische Rückgriff des Autors auf verschüttete Traditionen genuin christlicher Mystik vor der pastoralen Praxis in einer traditionsfernen und teilsäkularisierten Gesellschaft bestehen kann, bleibt freilich fraglich.

In der theologischen Diskussion um das New Age bemühte sich auch der Frankfurter Dogmatiker und katholische Jesuitenpater *Medard Kehl* um eine christliche Standortbestimmung.[37] Vorab bietet der Autor eine Begriffsklärung, um sich danach neuzeitlichen und spätantik-gnostischen Wurzeln der New Age-Bewegung zuzuwenden. Ein letzter Punkt thematisiert das pastoraltheologisch relevante Phänomen des Okkultismus. Nichtsdestoweniger fällt die theologische Stellungnahme ziemlich knapp aus. Eigentlich hätte man sich für das Gespräch mit New Age-Anhängern präzisere Begründungen gewünscht als die Vermutung, Antworten der New Age-Bewegung würden »wohl doch zu kurz (greifen)«.[38]

Weder Verdammung noch Anbiederung

Eine beeindruckend kompetente Studie über die ›Herausforderung New Age‹ gelang hingegen *Erwin Haberer*, dem (jüngst verstorbenen) Beauftragten der Evangelisch-Lutherischen Kirche in Bayern für religiöse und geistige Strömungen unserer Zeit.[39] Fundiert und differenziert skizziert Erwin Haberer zunächst Entstehungsbedingungen, charakteristische Eigenheiten und typische Phänomene der New Age-Bewegung; die zweite Hälfte des schmalen Bändchens gilt dann der Verhältnisbestimmung von New Age und Christentum. »Es ist wohl richtig, daß sich in New Age unter anderem zeigt, daß – wie es ein russischer Religionsphilosoph ausgesprochen hat – der Mensch ›hoffnungslos religiös‹ ist. Die allgemeine Religiosität ist aber noch nicht christlicher Glaube. Wir können nicht, um es im Bild zu sagen, die christliche Suppe auf dem Feuer von New Age kochen. Das Ergebnis wäre ein gesichtsloses Christentum, das aber keine klaren Konturen mehr hat.«[40] Darüber hinaus werden das Desinteresse der New Age-Gruppierungen an einem Dialog mit den christlichen Kirchen und ihre Popularität für Erwin Haberer Anlaß zur kritischen Selbstbesinnung. Von da aus wagt er eine Beurteilung des New Age: Der Autor lehnt die Verdammung (›Verschwörungsbewegung Satans‹) ebenso ab wie eine kurzsichtige Anbiederung des Christentums. Vielmehr hofft er auf einen von gegenseitiger Achtung getragenen Dialog, ohne die Bemühungen um Mission ausklammern zu wollen. Unter solchen Prämissen äußert Erwin Haberer sachliche Kritik, die schließlich in eine grundlegende theologische Diskussion mündet. »So bleibt zu wünschen, daß Christen in der Auseinandersetzung mit der New-Age-Bewegung nicht das Verurteilen und Richten lernen, sondern die Dankbarkeit für das, was in Christus ihnen geschenkt ist. Die New-Age-Bewegung hält den Christen einen Spiegel vor, in dem sie manches sehen, was ihnen nicht gefällt. Sie macht sie auf Versäumnisse und Defizite aufmerksam. Sie kann aber nie das Bild Christi auslöschen, wie es uns das Neue Testament zeigt.«[41] Zusätzlich informieren kurze kommentierte Literaturangaben über weiterführende Titel. Trotz des geringen Preises leistet dieses Heft eine bemerkenswert umfassende Einführung.

Begrenzter Raum und wohlfeile Aufmachung gereichen auch der ›Kleinschrift‹ des Dozenten für Dogmatik und Moraltheologie am Katechetischen Institut Luzern, *Kurt Koch,* sichtlich zum Vorteil.[42] Kurt Koch apostrophiert das New Age als ›vitale Herausforderung an das Christentum‹, ohne nach treffenden Ausführungen zu Grundüberzeugungen des New Age und ihrer Konfrontation mit dem Christentum das unterscheidend Christliche zu vernachlässigen. »Fromme Verinnerlichung und politische Veröffentlichung im Kampf gegen den Tod für das Leben der Menschen, im Kampf gegen die grassierende Ungerechtigkeit für mehr Gerechtigkeit für alle Menschen und im Kampf gegen die bedrohliche Naturzerstörung für die Bewahrung von Gottes Schöpfung sind und bleiben in ihrer untrennbaren Zusammengehörigkeit auch in der heutigen Zeit die bestechenden Erkennungszeichen authentischen Christ- und Kircheseins.«[43] Besondere Erwähnung verdient außerdem die (sonst selten zu findende) Auseinandersetzung mit den unverantwortlichen New Age-Hoffnungen vor dem Hintergrund mißdeuteter Endzeitvorstellung (›apokalyptische Angst‹) des Christentums.

Die Chance des Dialogs

Die umfassendste und wohl lesenswerteste, zudem allgemeinverständliche und urteilssichere Darstellung zur Verhältnisbestimmung zwischen einzelnen Spielarten der Neuen Religiosität und gegenwärtigem Christentum gelang jedoch wahrscheinlich *Heinz Zahrnt.* Der vielleicht bekannteste und breitenwirksamste theologische Publizist evangelischer Provenienz zieht in seinem Buch ›Gotteswende. *Christsein zwischen Atheismus und*

Neuer Religiosität[44] nach eigenem Bekunden eine vorläufige Lebens- und Schaffensbilanz. Ein kompendienähnlicher Abriß markanter Stationen jüngster Geistes- und Theologiegeschichte vom verfallenden Atheismus über Erfahrungstheologie, charismatische Bewegung und Psychoboom bis hin zu New Age-Bewegung und Reinkarnationsgläubigkeit macht ein gut Teil der Qualität dieses Buches aus. Nichts umschreibt dabei die Intention Heinz Zahrnts besser als die vorangestellten Mottos aus Bibel (›Der Mensch lebt nicht vom Brot allein‹: Dtn 8,3; Lk 4,4) und Max Frischs Komödie ›Don Juan oder Die Liebe zur Geometrie‹ (›Nur der Nüchterne ahnt das Heilige‹). Entsprechend sieht Heinz Zahrnt in der gelungenen Verknüpfung von Vernunft und Glauben zur gegenseitigen Bewahrung vor blindem Rationalismus und leerem Wahn die Konturen eines zukünftigen Christentums; diesem kann und darf der Dialog mit religiösen Zeitströmungen keinesfalls fremd sein. »Ich sehe in dieser Situation für die Christenheit eine Chance. Wenn sie sich auf den Dialog mit dem Atheismus und der Neuen Religiosität ehrlich einläßt, kann dies für sie zu einem Lernprozeß werden – und es werden die Umrisse eines möglichen künftigen Christentums erkennbar. (...) Wo immer die Christen Reste der Wahrheit, die sie noch in Händen hielten, fester faßten und ungescheut bekannten – nicht starr auf dem Eigenen beharrend, sondern gemeinsam mit den Zeitgenossen ehrlich nach Antworten suchend –, dort hat das Christentum stets eine neue Stufe seiner Geschichte erreicht.«[45] Vor Gesichtsverlust und Etikettenschwindel bewahren dabei nach Meinung des Autors drei wichtige Kriterien. »Jede Religion muß sich an drei Kriterien messen lassen: ob sie die Menschlichkeit fördert und bewahrt oder sie beschädigt und zerstört (Frage des Humanum); ob sie ihrem eigenen Ursprung treu geblieben ist oder ihn verrät (Frage des Divinum); ob sie diese beiden Wahrheitskriterien auch auf sich selbst anwendet und also ihre eigene Praxis kritisch begleitet.«[46] Erkenntnisse dieser Art können beeindrucken; vielleicht vermögen sie auch zu bewahren.

4. *Zwischen den Fronten*

Eine christliche Standortbestimmung inmitten bewegter Diskussionen und ›postmoderner‹ Zeiten behält allemal einen hypothetischen Charakter. Urteile werden dem allgegenwärtigen Vorwurf der Beliebigkeit nur durch ihre Verankerung in einem Vergleich divergierender Stellungnahmen zum Untersuchungsgegenstand mit festgeschriebenen Basisannahmen entgehen. Für den Fall der besprochenen Verhältnisbestimmungen zwischen New Age-Bewegung und Christentum gilt es demnach zunächst, die Befürworter einer weitgehenden Synthese an den traditionellen Inhalten der christlichen Lehre zu messen. Unter diesen Prämissen bilden Synkretismus, diffus impersonale Gottesbilder und ausgeprägte Selbsterlösungsphantasien einen kaum überbrückbaren Gegensatz zwischen Christentum und New Age.

Gleichzeitig darf der Rekurs auf gesicherte Traditionen nicht in apologetische Verhärtung umschlagen. Vielmehr sollten die Impulse Neuer Religiosität als Indizien gegenwärtiger Sehnsüchte zu einer Selbstbesinnung des Christentums auf verschüttete Traditionen und (gegebenenfalls) zur Formulierung neuer Antworten führen. Insofern sind synthetische Entwürfe (*Günther Schiwy, Rüdiger Kerls* u. a.) mindestens für neuerliche Korrekturen und lebendige Gespräche der Diskussionsteilnehmer erforderlich und wünschenswert. Andererseits kann die Diffusion sinnstiftender Kräfte des Christentums nur durch eine Sicherung seiner Identität effizient verhindert werden. Wo sich der ›kosmische Christus‹ vom Christus der Kirche emanzipiert, begibt man sich der Wahrung des christlichen Propriums: Der ›Neue Bund‹ bietet jedoch nach wie vor tragfähigere Orientierungsangebote als das ›Neue Zeitalter‹. Er wird es meines Erachtens überdauern.

Anmerkungen

1 *K. Ledergerber/P. Bieri*, Was geht New Age die Christen an? Brücken zum gegenseitigen Verständnis, Freiburg 1988, S. 48.
2 Vgl. etwa das ›Kursbuch 86‹ vom November 1986 (›Esoterik oder die Macht des Schicksals‹).
3 Der Semiotiker und Romanschriftsteller *Umberto Eco* (›Der Name der Rose‹; ›Das Foucaultsche Pendel‹) charakterisiert Anhänger dieser Bewegungen als ». . . Leute, die von der platonischen Parusie durchdrungen sind, vom Syndrom der vergilischen Vierten Ekloge befallen, Zungenredner des Goldenen Zeitalters.« (*U. Eco*, Vom Cogito interruptus, in: *ders.*, Über Gott und die Welt. Essays und Glossen, München 1985, S. 246 f.).
4 Unter den älteren Veröffentlichungen ragen als empfehlenswert und informativ heraus: *H.-J. Ruppert*, New Age. Endzeit oder Wendezeit? (1985), Wiesbaden [6]1988; *ders.*, Durchbruch zur Innenwelt. Spirituelle Impulse aus New Age und Esoterik in kritischer Beleuchtung, Stuttgart 1988; *Lebendige Seelsorge*. Zeitschrift für alle Fragen der Seelsorge 39 (1988), Heft 5 und 6 (›New Age und Christentum‹); *H. Bürkle* (Hrsg.), New Age. Kritische Anfragen an eine verlockende Bewegung (1988), Düsseldorf [2]1989 (= Schriften der Katholischen Akademie in Bayern, Bd. 127).

5 H. M. *Enomiya-Lassalle,* Am Morgen einer besseren Welt. Der Mensch im Durchbruch zu einem neuen Bewußtsein (1981), Freiburg ²1988.

6 Ebd., S. 53.

7 »Der zweite Grund (für eine veränderte Haltung gegenüber der Magie, Anm.
der Verf.) ist wohl das Heraufkommen eines neuen Bewußtseins, das jenseits
des rationalen Denkens liegt. Das Ergebnis ist leider allzuoft ein Zurückfallen in
das Irrationale, das, sei es echt oder unecht, auf die Dauer keine Lösung bringt.«
(Ebd., S. 40).

8 Vgl. *H. M. Enomiya-Lassalle,* Leben im neuen Bewußtsein. Ausgewählte Texte zu
Fragen der Zeit, hrsg. und erl. von *R. Ropers* (1986), München ³1988.

9 Vgl. etwa *G. Schiwy,* Der französische Strukturalismus (1969), Reinbek b. Ham-
burg ⁹1985; *ders.,* Strukturalismus und Christentum. Eine Herausforderung,
Freiburg 1969; *ders.,* Kulturrevolution und ›Neue Philosophien‹, Reinbek b.
Hamburg 1978 u. a.

10 Vgl. *G. Schiwy,* Teilhard de Chardin. Sein Leben und seine Zeit, 2 Bde., München
1981.

11 Vgl. etwa *M. Ferguson,* Die sanfte Verschwörung. Persönliche und gesellschaftliche Transformation im Zeitalter des Wassermanns. Mit einem Vorwort von
Fritjof Capra, Basel 1982.

12 »So steht nichts im Wege, daß es zu einer von Sympathie getragenen Zusammenarbeit zwischen Christen und New-Age-Anhängern kommt, ja daß Christen New-Age-Anhänger und New-Age-Anhänger Christen werden, was Kritik
aneinander und Selbstkritik nicht ausschließt, sondern erst eigentlich ermöglicht« (*G. Schiwy* [wie Anm. 13], S. 108). Vgl. auch: *G. Schiwy,* Teilhard de Chardin
und das New Age, in: Stimmen der Zeit 5 (1986), S. 339–348 u. a.

13 *G. Schiwy,* Der Geist des neuen Zeitalters: New-Age-Spiritualität und Christentum, München 1987.

14 Vgl. Enzyklika ›Dominum et vivificantem‹ von Papst *Johannes Paul II.* über den
Heiligen Geist im Leben der Kirche und der Welt vom 18. 5. 1986, hrsg. v.
Sekretariat der deutschen Bischofskonferenz, Bonn 1986.

15 *G. Schiwy,* Der Geist des neuen Zeitalters, [wie Anm. 13] S. 109. *Günther Schiwy*
bezieht sich mit dem Appell zur ›sanften Verschwörung‹ auf den gleichlauten-
den Titel der Programmschrift von *M. Ferguson;* vgl. Anm. 11.

16 Als Gewährstext für seine panentheistischen Positionen benutzt *Günther Schiwy*
die bereits zitierte Enzyklika Papst *Johannes Pauls II.* Bezeichnend erscheint
dabei beispielsweise der geschickt überspielte Unterschied zwischen dem scho-
lastischen Analogie-Begriff und modernem Metaphorik-Verständnis anhand
des harmlos klingenden Adverbs ›gleichsam‹; vgl. *G. Schiwy,* Der Geist des
Neuen Zeitalters (wie Anm. 13) S. 43 f.; *ders.:* Der kosmische Christus (wie
Anm. 17) S. 17.

17 *G. Schiwy,* Der kosmische Christus. Spuren Gottes ins Neue Zeitalter, München
1990 (*G. Schiwys* Replik auf die theologische Kritik findet sich ebd., S. 22 f.).

18 Beide Zitate entstammen ebd., S. 11.

19 Ebd., S. 12. Vgl. auch »Nicht nur die Kirchen und die Menschen insgesamt,
sondern der ganze Naturzusammenhang bilden (!) den mystischen Leib Christi,
sind der Kosmische Christus, den es zu retten gilt« (Ebd., S. 151).

20 Ebd., S. 28.

21 Vgl. *K. Ledergerber/P. Bieri,* Was geht New Age die Christen an? (wie Anm. 1).

Karl Ledergerber arbeitet als Philosoph und freier Publizist, *Peter Bieri* hingegen engagiert sich in der New Age-Bewegung.

22 Ebd., S. 133.

23 *Karl Ledergerber* und *Peter Bieri* verweisen selbst auf *D. Spangler*, New Age – Die Geburt eines Neuen Zeitalters (1978), Hof ²1983 und *Joachim von Fiori* (!), Das Reich des heiligen Geistes. Mit einer Einführung von Alfons Rosenberg, Bietigheim 1977.

24 Vgl. *R. Kerls*, Heilsame Glaubenskräfte. Kirche in Auseinandersetzung mit New Age, München 1988.

25 Ebd., S. 128 (Schlußsatz).

26 Vgl. etwa die Abschnitte ›Hoch Denken vom Menschen‹ und ›Suche nach Meister/innen‹ (ebd., S. 110–114). Ähnlich verkürzt fällt auch ein tabellarischer Vergleich zwischen New Age und Kirche aus (ebd., S. 107): Unter anderem wird dem New Age Immanenz, Erfahrung, Autonomie und Innerlichkeit zugeordnet; auf seiten der Kirche kommen (in paralleler Reihenfolge) Transzendenz, Dogmatik, Riten und Äußerlichkeit zu stehen.

27 Anstelle des allgemeinen Schuldbekenntnisses zu Beginn der Messe empfiehlt *Rüdiger Kerls* folgende von *Dennis M. Jaffe* stammende Meditationsübung: »Es geht mir von Tag zu Tag in jeder Hinsicht besser. Mein Geist ist ruhig und gelassen. Mein Geist ist ganz ruhig und zufrieden. Ich lasse meine Eltern los. Ich bin ganz ruhig und kraftvoll. Ich bin eins mit allem Lebendigen. (...)« (ebd., S. 64).

28 *W. Greive/R. Niemann* (Hrsg.), Neu glauben? Religionsvielfalt und neue religiöse Strömungen als Herausforderung an das Christentum, Gütersloh 1990.

29 *Chr. Schorsch*, Die New-Age-Bewegung. Utopie und Mythos der Neuen Zeit. Eine kritische Auseinandersetzung, Gütersloh 1988.

30 *Chr. Schorsch*, Der Drang nach Ganzheit. New Age als synkretistisches Phänomen, in: *W. Greive/R. Niemann* (Hrsg.), Neu glauben? (wie Anm. 28) S. 143. Vgl. hierzu auch *P. Beyerhaus/L. von Padberg*, Eine Welt – eine Religion? Die synkretistische Bedrohung unseres Glaubens im Zeichen des New Age, Aßlar 1988.

31 Vgl. *M. von Brück*, Christliche Mystik und Zen-Buddhismus. Synkretistische Zugänge, in: *W. Greive/R. Niemann* (Hrsg.), Neu glauben? (wie Anm. 28) S. 146–166 und *W. Greive:* Neu glauben? Christlicher Glaube als Synkretismus und Narzißmus, in: ebd., S. 167–176.

32 *J. F. Grün*, Die Fische und der Wassermann. Hoffnungen zwischen Kirche und New Age, Gütersloh 1988.

33 Ebd., S. 147.

34 Ebd., S. 188.

35 *J. Sudbrack*, Neue Religiosität – Herausforderung für die Christen (1987), Mainz ³1988. Vgl. auch *ders.*, Die vergessene Mystik und die Herausforderung des Christentums durch New Age, Würzburg 1988 sowie *ders.*, Mystik. Selbsterfahrung – kosmische Erfahrung – Gotteserfahrung, Mainz 1988.

36 *J. Sudbrack*, Neue Religiosität (wie Anm. 35), S. 233.

37 *M. Kehl*, New Age oder Neuer Bund? Christen im Gespräch mit Wendezeit, Esoterik und Okkultismus (1988), Mainz ³1989.

38 Ebd., S. 78.

39 *E. Haberer*, Herausforderung New Age. Zur christlichen Auseinandersetzung mit neuem Denken, München 1989.

40 Ebd., S. 41.
41 Ebd., S. 68.
42 Vgl. *K. Koch*, New Age – eine vitale Herausforderung an das Christentum, Freiburg (Schweiz) 1989.
43 Ebd., S. 62.
44 Vgl. *H. Zahrnt*, Gotteswende. Christsein zwischen Atheismus und Neuer Religiosität, München 1989.
45 Ebd., S. 14.
46 Ebd., S. 260.

Paul Josef Cordes

Reden wir von Gott, der vitalen Mitte unseres Christseins

Über »neue religiöse Bewegungen« innerhalb der Kirche

1. *Zur geistlichen Lage der westlichen Welt*

Wie steht es um die Kraft des Christentums in unserer westlichen Welt? Wir haben einen Sturm in Europa erlebt, der allen den Zusammenbruch des marxistisch-leninistischen Systems vor Augen geführt hat. Ein Kartenhaus stürzte über Nacht ein, weil es morsch war. Ist unser Glaube an Gott so gefestigt, daß er ähnliche Stürme nicht zu fürchten braucht?

Ein paar Zahlen: In einer großen Diözese der Bundesrepublik stehen 70 000 Hauptamtliche im Dienst der Kirche: Kindergärten, Schulen, Krankenhäuser, Ferienwerke, Bildungsinstitutionen: alles wird von der katholischen Kirche getragen und mit dem Auftrag begründet, unter dem die Kirche steht: Vertiefung und Verbreitung des Glaubens an Jesus Christus. Ein beeindruckender Apparat – aber kann er seinem Zweck dienen?

Als ich erstmals von dieser kaum glaublich hohen Zahl von Hauptamtlichen im kirchlichen Dienst hörte, traf ich auf einen Mitbruder, der mir bald gestand: »Ja, in meiner Pfarrei arbeiten 27 Angestellte; 27 allein in der Gemeinde, für die ich Pfarrer bin – und 25 von ihnen kommen am Sonntag nicht regelmäßig zur Eucharistiefeier.« Vielleicht eine Ausnahme – aber ein alarmierender Hinweis darauf, daß mit der Vergrößerung der institutionellen Kräfte nicht unbedingt die Lebenskraft und Zeugnisfähigkeit der Botschaft des Evangeliums wächst. Man muß sogar befürchten, daß die Vermehrung der irdischen Mittel der Kirche diese an ihrem eigentlichen Auftrag behindert.

Vor einiger Zeit fand ich in einem Referat eines schwedischen Journalisten eine interessante Analyse der Glaubenssituation seines Landes.[1] Der Autor ging davon aus, daß der Prozeß der Entchristlichung in der schwedischen Gesellschaft besonders intensiv gewesen sei. Er sprach sogar von einem »neuen Paganismus«, von neuem Heidentum. Bei der Erforschung der Gründe erwähnte er u. a. folgendes: Das Bauernland Schweden des vergangenen Jahrhunderts wurde innerhalb von ein bis zwei Generationen zu einem von Naturwissenschaft und Technik bestimmten Land des

Fortschritts umgeformt. Dabei führte in der modernen Wohlstandsgesellschaft mit ihren Sicherheiten aller Art das weitgehende Fehlen sozialer
oder materieller Probleme zum langsamen Verlust jeder Empfindung des
Göttlichen. Außerdem hätten 400 Jahre Staatskirchentum dazu beigetragen, daß sich kirchlicher und gesellschaftlicher Auftrag unscheidbar ver-
filzten; ja, daß die Kirche durch die Übernahme gesellschaftlicher Aufgaben ständig neu ihre Existenzberechtigung in der Öffentlichkeit nachwei-
sen mußte.

So weit der Befund. Derartige soziologische Trends sind keineswegs auf
Schweden beschränkt; sie prägten den Begriff der »Skandinavisierung«
einer Gesellschaft – und »Skandinavisierung« gilt nicht nur für Schweden.

Weitere Fakten verdeutlichen die Auswirkungen: Laut Statistik gibt es
gegen acht Millionen Mitglieder der schwedischen protestantischen
Staatskirche. Da man durch Geburt in die schwedische Kirche eingeglie-
dert wird, gibt es in ihr 400 000 Mitglieder, die nicht einmal getauft sind!
Ein theologisches Kuriosum – Kirchenmitgliedschaft ohne Taufe – und
eine pastorale Warnung: der kirchliche Apparat kann sich auch dann
immer noch bewegen, wenn er für Apostolat und Verkündigung des
Evangeliums keine Kraft mehr investiert. Gott kommt im öffentlichen
Bewußtsein immer seltener vor; der Mensch glaubt sich zunehmend
berufen und fähig, aus eigener Kraft Heil für den Menschen zu schaffen.

Die Gefahr der wachsenden Erblindung für den heilenden Gott ist welt-
weit. Mindestens läßt unser gegenwärtiger Papst keinen Zweifel an seiner
Sorge um das Fortschreiten des Säkularismus in den Ländern Europas
und der sogenannten Ersten Welt insgesamt. In dem nachsynodalen
Schreiben »Christifideles Laici« von 1989 über die Sendung der Laien ist
demnach von der wachsenden Verbreitung der religiösen Gleichgültigkeit
und des Atheismus in seinen verschiedenen Ausprägungen die Rede. Der
Mensch erliege der Versuchung durch wissenschaftliche und technische
Errungenschaften, mehr aber noch der Sünde der Stammeltern, Gottes
Existenz und Autorität über sich selbst nicht mehr zu achten. Wörtlich
heißt es dann: »Der Mensch reißt die religiösen Wurzeln aus seinem
Herzen. Er vergißt Gott, betrachtet ihn als bedeutungslos für seine eigene
Existenz und verwirft ihn . . .«[2]

Zu leicht übergeht der Durchschnittsgläubige beim Lesen solcher Texte
sich selbst. Er denkt, solche Befürchtungen möchten wohl wahr sein für
den eigenen Bekanntenkreis, für Fernsehsendungen oder Urlaubsange-
bote; wohl kaum aber für die, die am Leben der Kirche teilnehmen.

Das ist zuzugeben: Kaum einer der praktizierenden Christen wird Gottes

Existenz formell leugnen; wir bestreiten keineswegs, daß es ihn gibt und daß wir uns ihm verdanken. Aber er nimmt kaum Einfluß auf unsere Entscheidungen. Vielleicht noch, wenn wir uns bemühen, klar verfügte Gebote zu erfüllen und die Sünde zu meiden. Aber bei der Planung unseres Lebens? Wenn uns Arbeit in Anspruch nimmt, Freizeit entlastet oder wenn uns ganz banale Alltäglichkeiten beschäftigen? Da ist er abwesend; da regieren die Sachgesetze; da muß vor allem die Vernunft zum Zuge kommen. So stimmt unser Leben zunehmend mit dem der Ungläubigen überein. Wir gewöhnen uns daran, es zu leben, als ob es Gott nicht gäbe. Wenn so jedem einzelnen Christen das Grundwasser des Glaubens fortschreitend entzogen wird, kann der Einzug des Säkularismus in die Institution der Kirche selbst nicht verwundern: ihre »Skandinavisierung« breitet sich aus.

Walter Kasper, jetzt Bischof in Rottenburg–Stuttgart, formulierte schon als Theologe in Tübingen: Es geht »längst nicht mehr um den Atheismus der andern, sondern zuerst um den Atheismus im eigenen Herzen«.[3]

Soviel zur Bestimmung des geistlichen Klimas. Angesichts des skizzierten Bestandes soll im folgenden nicht von den öffentlichkeitswirksamen Themen im Umfeld der Laienproblematik die Rede sein, Themen wie: Neue Verteilung kirchlicher Zuständigkeiten; Glaubwürdigkeit des sogenannten katholischen Bodenpersonals; als Laie im kirchlichen Dienst; kirchliche Entscheidungsgremien und die Frau; römischer Zentralismus und die Rechte der Ortskirchen.

Abgesehen davon, daß solche Themen ohnehin den Markt des Gedruckten und die Programme katholischer Akademien überschwemmen, erscheint es wenig sinnvoll, die Einsicht in falsches Handeln bei Abwesenden wecken zu wollen und die Bekehrung Dritter zu fordern. Das wäre das journalistische Modell der Weltverbesserung: die Abrechnung auf andere zu beziehen; und der Siegeszug dieses Modells scheint unaufhaltsam. Die Bibel hingegen macht uns darauf aufmerksam, daß der Bote des Heils sich zunächst einmal selbst bekehren lassen muß: Moses und der Prophet Jesaja, Petrus und Paulus. Oder wie es der Prophet Samuel gegenüber einem naiven König David ausdrückte: »Du selbst bist dieser Mensch« – der Mensch, der nicht einmal gemerkt hat, daß meine Beispielgeschichte vom diebischen Herdenbesitzer, der dem Armen sein einziges Lamm wegnahm, dich meinte.

Nein, eine Diskussion über kirchliche Modethemen kann nicht vorrangig sein – auch aus folgendem Grund: Auf einem havarierenden Schiff wird man nicht über die Farbe des Anstrichs oder über neue Essenszeiten diskutieren. Daß die Gottesfrage dem Schifflein Petri bedrohlich zusetzt, beklagen gerade die Nachdenklichen und Weitblickenden. Etwa Hans Urs von Balthasar, der 1980 schrieb, christliches Denken sei heute bis in seine Fundamente aufgewühlt und gespalten. Theologie nähme die zentralen Glaubensartikel nicht mehr zur Grundlage, sondern unterwerfe sie der Befragung, verkürze sie und streiche, was dem Menschen heute unverständlich bleiben könnte und daher unzumutbar wäre. So sei der Glaubenskampf heute heftiger als je entbrannt. Dies auch deshalb, weil die Irrtumspropheten in der Kirche sich mit glaubenslosen Kirchenfeinden der Gesellschaft verbänden. Diese Kräfte verfügten »steigend auch über wirksame Mittel, die Meinung der Menge zu beeinflussen, die für den unversehrten Glauben Kämpfenden in die Defensive und Minorität zu drängen. Das Wort von der ›kleinen Herde‹, von den unter die Wölfe gesendeten Schafen gewinnt an Anschaulichkeit«.[4]

Ich habe diesen Bericht zur geistlichen Lage nicht zusammengestellt, um einfach das Klagelied über schlechte Zeiten anzustimmen. Ich wollte dazu beitragen, daß sich unser geistlicher Sinn der Realität öffnet, in der wir leben. Ich wollte mich der Frage stellen, wie der Glaubende auf einen solchen Befund antworten kann.

Nun, die theoretische Antwort ist einfach: Es gilt, die Augen des Glaubens, die Gott uns gegeben hat, für die Wirklichkeit zu öffnen, niemals Ruhe zu geben, damit sie sich auf ihn richten, obschon er unseren natürlichen Sinnen zunächst verborgen scheint; diesen Gott der Vergessenheit zu entreißen und ihm Kirche und Menschheit zurückzugeben.

Praktisch kann freilich diese Aufgabe auf manche Weise angegangen werden. Und mancher wird sagen, das geschehe ja ohnehin fortwährend in allem kirchlichen Tun. Aber es fehlt oft die Ausdrücklichkeit. Gott ist einschlußweise gegenwärtig. Man möchte ihn groß sein lassen, ohne ihn direkt zu bemühen; man verschweigt ihn aus Scham; oder in Reaktion auf inflationären Mißbrauch seines Namens. Karl Rahner hat schon unmittelbar nach dem 2. Weltkrieg vor solchem Vergessen Gottes durch Verschweigen gewarnt. In einer Meditation über die »Not und den Segen des Gebetes« schreibt er: »Würden wir meinen, wir seien Gott näher, wenn Er das namenlose, ungenannte Jenseits aller Dinge bliebe ... der ewig ungeklärte Rest all unserer Rechnungen (mit dem wir darum aber auch nicht rechnen dürften), dann würde diese bildlose Religion bald sich verflüchtigt haben in – Atheismus. Das Geheimnis muß genannt, angerufen, geliebt werden, damit es für uns dableibe; Geheimnis bleibt es auch so.«[5]

Das Geheimnis muß genannt, angerufen, geliebt werden, fordert der Theologe. Gott selbst scheint vorgesorgt zu haben, damit die Schwindsucht des Säkularismus den Körper seiner Kirche nicht auszehrt. Als

Abwehrkräfte weckte er u. a. Gruppen und Gemeinschaften – gelegentlich als »neue religiöse Bewegungen« bezeichnet –, die den Prozeß der Heilung einleiten könnten.

2. Charismatische Aufbrüche: ein Überblick

Drei solcher Bewegungen sollen wenigstens in ihren Eckdaten vorgestellt werden:

a) Die »Charismatische Gemeindeerneuerung«: Sie umfaßt in ihren Gebetsgruppen auf Weltebene gegen 15 Millionen Gläubige, von denen in den USA etwa 5 bis 7 Millionen leben. Zu diesen Gebetsgruppen kommen in bestimmten Regionen streng verfaßte, ordensähnliche Gemeinschaften, die sogenannten »covenant communities« mit insgesamt ca. 35 000 Mitgliedern.

b) Die Bewegung der »Focolare«: Ihre Gründerin, die Italienerin Chiara Lubich, schreibt jeden Monat eine biblische Meditation, das sogenannte »Wort des Lebens«, nieder. Die Verbreitung dieses Wortes gibt einen gewissen Anhaltspunkt über die Stärke dieser Bewegung bzw. ihren Einflußbereich.

Das »Wort des Lebens« wird veröffentlicht
– in Form von 2 500 000 Einzelblättern;
– durch 1 250 000 Abdrucke in Zeitschriften;
– durch Ausstrahlen von 150 Radio- und Fernsehstationen.

Es wird insgesamt in 84 Sprachen und Dialekte übertragen.

c) »Comunione e liberazione«: Anfänge durch den Priester Luigi Giussani während der Mitte der 50er Jahre in Mailand. Verbreitung heute vor allem im Ursprungsland, außerdem in einigen anderen Ländern Europas, in Afrika und Lateinamerika: 300 000 Oberstufenschüler und -lehrer in 200 Städten; 8000 Studenten und Dozenten in 44 Universitäten und Hochschulen; 17 000 Arbeiter in 100 Diözesen; 15 000 weitere Erwachsene.

Zu den genannten Bewegungen kommen viele andere wie etwa die »Cursillos de Cristianidad«; die »Schönstattbewegung«; die »Gemeinschaften christlichen Lebens«; die Gemeinschaft von Taizé und weitere.[6]

3. Ermutigung und »Bewegung«

Nicht Superchristen leben in diesen Gruppen; aber sie pflegen einen anderen Glaubensstil. Sie haben sich vorgenommen, sich und anderen die Unmittelbarkeit des Menschen zu Gott neu bewußt zu machen. Er möchte sich nicht länger verbergen hinter Zweit- und Drittursachen. Sie sind darauf aus, ihn in den Naturgesetzen am Werk zu sehen; die irdische Wirklichkeit trotz deren Eigenständigkeit als seinen Spiegel zu verstehen. So sprechen sie ihn als den ersten Grund ihres Daseins an, führen alle Chancen und Widerfahrnisse nicht auf Umstände, sondern auf ihn zurück.

Der Heilige Vater hat diese Gemeinschaften in seiner Enzyklika über den Heiligen Geist ausdrücklich erwähnt. Sie hätten nach der Kraft gesucht, die den inneren Menschen wieder aufrichten könnte, und ihr innerer Glaubenssinn hätte das Gebet entdeckt, in dem sich der Geist kundtue. Auf diese Weise brächte unsere Zeit »die vielen Menschen, die zum Gebet zurückkehren, dem Heiligen Geist näher«[7]: der Anruf Gottes als Quelle des Heiligen Geistes, der auch heute noch das Leben des Menschen in Gott verankert.

Manchmal läßt diese Verankerung freilich das schlichte Alltagsmaß hinter sich. In Einzelschicksalen wird eindrucksvoll verdichtet, was für die gesamte Gruppe das Ideal ist. Punktuell wird greifbar, daß der persönliche Gott wirklich das bestimmende Du eines Menschen werden kann. So werden sie auch uns zu Zeugen, daß Gott nicht tot ist.

Da ist beispielsweise der Bericht eines Priesters, dem sich Gott auf dem Weg der charismatischen Erneuerung tiefer erschloß. Er hatte bislang all seine Kraft in den Seelsorgedienst gestellt, war von morgens bis abends im Einsatz – zum Beten fand er keine Zeit mehr, sehnte sich nach mehr Bejahung und Anerkennung, litt an großer innerer Unzufriedenheit.

Er berichtet: »Ich war unfähig, meine spirituelle Armut zu sehen und führte meine Unzufriedenheit auf die Situation in meiner Pfarrei zurück. Das einzige, was ich brauchte – so glaubte ich, war eine Änderung meines Arbeitsplatzes. Mein Bischof tat mir den Gefallen und sandte mich in eine andere Pfarrei. Ich stürzte mich wieder in wilde Aktivität, hatte keine freie Minute. Ich predigte, was andere geschrieben hatten. Es war mir klar, daß ich nicht aus Erfahrung sprach, wenn ich die Worte ›Gott‹, ›Jesus‹, ›Heiliger Geist‹ in den Mund nahm. Ich hatte zwar vieles gelernt und studiert, aber ich war jetzt am Ende. Ich hielt die Fassade aufrecht, ein überarbeiteter Priester zu sein, und sonnte mich in dem Mitleid meiner Umwelt.

Zu dieser Zeit hörte ich von einer Gebetsgruppe in einer Nachbarstadt und sagte mir: Du willst noch einmal einen Versuch machen. Ich kam in einen Pfarrsaal, in welchem etwa 140 Personen versammelt waren, alles einfache Leute. Ich wurde freundlich begrüßt, setzte mich aber vorsichtshalber in die letzte Reihe. Ich wollte nur Beobachter sein. Nach einem Lied zu Beginn stand ein älterer, grauhaariger Mann auf, der sich als Taxifahrer vorstellte. Ich war gespannt und dachte bei mir: ›Was wird der mir schon sagen können?‹ Er sprach ein kurzes, ganz persönliches Gebet, Gott möge ihm die Kraft zum Zeugnis geben. Als er dann in einer ganz unbefangenen Weise von Jesus sprach, merkte ich sofort: er wußte, von wem er sprach! Ich hatte noch nie jemanden in einer solch persönlichen Weise von Jesus Christus sprechen hören, weder in meinem Studium noch später. Die Worte dieses einfachen Mannes trafen mich zutiefst.

In den kommenden Wochen spürte ich eine Unruhe in mir, aber sie war verschieden von der früheren: es war nicht die Unruhe einer rastlosen Aktivität, sondern die Unruhe darüber, daß ich mir selbst den Weg zu Gott verbaut haben könnte. Ich ging noch öfters in die Gebetsgruppe und kam immer wieder beschämt zurück.

Eines Abends war es dann soweit; ich betete seit langer Zeit wieder einmal: ›Komm, Heiliger Geist‹. Ich kniete nieder und spürte, wie Tränen über mein Gesicht liefen. Ich weiß nicht mehr, wie lange ich gebetet habe, aber ich erkannte den ungeheuren Stolz, der die Wurzel meiner Fehlhaltungen war. Ich wußte, daß nur Gott selbst mich aus diesem Stolz befreien konnte.«[8]

Christ zu sein hat keineswegs zur Folge, daß Gott eine bestimmende und formende Wahrheit für unser Leben ist. Er kann eine Floskel sein; ein Wort, das wir gebrauchen, ohne daß sein Inhalt erlebt würde, erfahrbar wäre.

Von einem großen deutschen Mystiker, Meister Eckehart, stammt der Hinweis, daß der Glaubende es mit einem bloß »gedachten« Gott nicht bewenden lassen kann. Dieser »gedachte« Gott kann in der Rede und im Kopf des Menschen vorkommen. Aber er bleibt etwas Totes, ein uninteressanter, wertloser Gegenstand; er hat keine Auswirkung auf das Leben wie ein lebendiges Du, zu dem ich in Beziehung trete; das mich geistig begleitet und meinen Weg mitbestimmt. Darum ruft Meister Eckehart dem Menschen zu: »Deines gedachten Gottes sollst du quitt werden«[9], »Denn wenn der Gedanke vergeht, so vergeht auch Gott.«[10] Gott in der dritten Person zu denken oder zu benennen, bedeutet offenbar auch noch nicht den Ansatz eines Schrittes zu ihm; das ist auch solchen Menschen möglich, die hoffnungslos mit sich selbst allein bleiben. So schärft denn

Meister Eckehart seinen Zuhörern ein, jeder müsse seinen »Gott gegenwärtig« haben. Der Mensch soll sein Gemüt daran gewöhnen, Gott allezeit gegenwärtig zu haben im Gemüt und im Streben und in der Liebe«.[11] Der ganze Mensch solle sich durchdringen lassen von einer »innigen, geistigen Hinwendung« zum anwesenden Gott. »Wer Gott so, im Sein, hat, der nimmt Gott göttlich, und dem leuchtet er in allen Dingen, denn alle Dinge schmecken ihm nach Gott, und Gottes Bild wird ihm aus allen Dingen sichtbar ... vergleichsweise so, wie wenn es einen in rechtem Durst heiß dürstet: so mag einer wohl anderes tun als trinken, und er mag wohl auch andere Dinge denken; aber was er auch tut und bei wem er auch sein mag, in welchem Bestreben oder welchem Gedanken oder welchem Tun, so vergeht ihm doch die Vorstellung des Trankes nicht, solange der Durst währt; und je größer der Durst ist, umso stärker und eindringlicher und gegenwärtiger und beharrlicher ist die Vorstellung des Trankes.«[12]

4. Im Glauben verankert: Pater Kentenich

Das delikate Kräftespiel, in dem sich Gott dem Menschen naht, bleibt nicht immer auf dessen Seelengrund verborgen, auch wenn es in dieser menschlichen Mitte seinen ausgezeichneten Ort hat. Daß Gott einen Menschen ergreift und total bestimmt, wird unter Umständen nicht nur von ihm selbst erahnt, sondern auch nach außen hin greifbar in Taten, die erstaunen. Jemand gibt Zeugnis – und überzeugt andere, weil sein Handeln Irrsinn wäre, gäbe es nicht diesen Gott und seine Heilsabsicht für alle Menschen. Vielleicht können auch uns Lebensgeschichten von Zeugen besser bewegen als theologische Ableitungen, unser ganz konkretes Leben festzumachen in ihm, der so abstrakt und bedeutungslos, so fern und ohnmächtig erscheint.

Etwa das Beispiel von Pater Kentenich, des Gründers der *Schönstatt-Bewegung*. Er wurde am 20. September 1941 nach Verhör von der Gestapo in Koblenz verhaftet. Man warf ihm vor, »im staatsabträglichen Sinn« gepredigt zu haben und daß er auch »durch sein sonstiges Verhalten seine ablehnende Einstellung gegen den heutigen Staat zum Ausdruck gebracht« hätte.[13] – Es folgten Verhöre und Dunkelhaft.

Ein Vierteljahr später gewannen die Vorwürfe, er habe gegen Partei und Staat gehetzt, neue Schärfe; er habe die »Volksgemeinschaft zersetzt«; man schien mit dem Gefangenen neue Pläne zu haben. Dann fand am 17. Januar eine ärztliche Untersuchung statt. Sie sollte – wie sich bald herausstellte – über seine Lagerfähigkeit befinden: Pater Kentenich stand die Überführung in ein Konzentrationslager bevor. Da diese Einweisung seitens der Gestapo beschlossene Sache war, waren die Ergebnisse der Untersuchung entsprechend. Die Nachricht vom bevorstehenden Abtransport Pater Kentenichs ins Konzentrationslager löste in Schönstatt großen Schrecken aus. Man versuchte, Kontakt mit dem Arzt aufzunehmen, der die Lagerfähigkeit des Paters bescheinigt hatte. Es gelang, diesen Arzt dafür zu gewinnen, daß er einer neuen Untersuchung zustimmte. Für eine solche war die Voraussetzung, daß der Gefangene sich aus eigenem Entschluß krank meldete und auf einem dafür vorgesehenen Formular einen entsprechenden neuen Antrag stellte. Der Arzt erklärte sich bereit, für diesen Fall das Ergebnis der ersten Untersuchung umzukehren und Pater Kentenich Untauglichkeit für ein Konzentrationslager zu attestieren. Damit war die Entscheidung in die Hände des Paters gelegt. Von Schönstatt setzte ein Sturm von Bitten um seine Einwilligung ein ... Die Krankmeldung wäre durchaus begründet gewesen; als junger Priester hatte Pater Kentenich ein schweres Lungenleiden durchgemacht, dem er fast erlegen war. Eine Durchleuchtung der Lunge, die bislang unterblieben war, mußte diesen Tatbestand zutage fördern.

Doch was auch von seiten der Schönstatt-Familie unternommen wurde, der Gefangene war nicht zu bewegen, auf die angebotene Möglichkeit einzugehen. Am 19. Januar, als die Bemühungen der Schönstatt-Familie mit höchster Intensität betrieben wurden, ließ er wissen: »Für die Bemühungen beim Arzt vielen Dank. Nehmen Sie es bitte nicht übel, daß ich die gesponnenen Fäden nicht weiter spinne ... Wie das jetzt alles innerlich zusammenhängt, kann ich jetzt nicht sagen.«

Die Notizen vom 20. Januar 1942 bezeugen, wie schwer und unnachgiebig gegen sich selbst Pater Kentenich um den fälligen Entschluß gerungen hat. Die Nacht vom 19. auf den 20. Januar brachte er wachend im Gebet zu. »Ich weiß, was auf dem Spiele steht«, lautet eine Nachricht, die er im Laufe des Tages hinausgab, »und denke an die Familie, ans Werk ... aber gerade um derentwillen glaube ich, so handeln zu müssen. ›Suchet zuerst das Reich Gottes ... und alles übrige wird euch dazugegeben werden‹ ...« Auf einem schon am Morgen des 20. Januar hinausgegebenen Blatt an seinen engsten und vertrautesten priesterlichen Mitarbeiter war zu lesen: »Eben während der Hl. Wandlung kommt mir die Antwort auf die gestern offen gelassene Frage ... Die Antwort verstehe bitte aus dem Glauben an die Realität der Übernatur ...«

Pater Kentenich ließ das Formular, das man in seine Zelle gebracht hatte, unbenützt liegen; er meldete sich nicht krank. Die Entscheidung war gefallen. Am Tage vorher hatte er schon mitgeteilt: »Kannst du dir vorstellen, daß es mir gar nicht so ›recht‹ wäre, wenn ich nicht ins Lager käme? Dort warten viele Bekannte. Und dann – die ersten vier Wochen (›Bunkerhaft‹) waren schlimmer als das Lager ... Wirst sehen, es steht eine höhere Macht über unserem Leben, die alles zum besten lenkt.«[14]

Erst am 6. April 1945 kam Pater Kentenich aus dem Konzentrationslager Dachau frei, vor dem verschont zu bleiben er nichts unternommen hatte.

Für unsere Überlegungen interessiert weniger die Hölle, die solcher Aufenthalt in einem Konzentrationslager bedeutete. Es ist vielmehr die unverständliche, manchem vielleicht ärgerliche Reaktion auf das Angebot einer erneuten Untersuchung – einer Untersuchung, die ihm diese Hölle wahrscheinlich hätte ersparen können. Wer sich so verhält, tritt aus dem Rahmen menschlicher Vernünftigkeit. Maßstäbe geläufigen Verhaltens können ihn nicht mehr einordnen. Er beweist, daß der Bezugspunkt für sein Leben jenseits dessen liegt, was in Gesellschaft und Kirche üblich ist; was uns allen verständlich ist. Der Blick des Glaubens freilich läßt uns erkennen: zu solchen Entscheidungen ist nur fähig, für wen Gott nicht ein Wort, sondern eine Wirklichkeit ist.

Wie sehr Pater Kentenich sich schon in der ersten Zeit seiner Kerkerhaft auf eine absolute Auslieferung an diesen Gott und seinen Willen eingestellt hat, verdeutlicht ein Gebet, das er am 20. Oktober 1941 in einem Brief nach Schönstatt mitteilte. Der Text erweitert das bekannte Gebet des hl. Ignatius von Loyola; es gibt aber auch einen guten Eindruck vom damaligen Wachsen seiner seelischen Bereitschaft. Es heißt:

»Nimm hin, o Herr, meine ganze Freiheit, mein Gedächtnis, meinen Verstand, meinen ganzen Willen und mein ganzes Herz. Alles hast du mir gegeben, alles schenke ich dir vorbehaltlos zurück; mache damit, was du willst. Nur eines gib mir: deine Gnade, deine Liebe und deine Fruchtbarkeit. Deine Gnade, damit ich mich freudig deinem Wollen und Wünschen beuge; deine Liebe, damit ich mich allezeit als deinen Augapfel geliebt glaube, weiß und bisweilen fühle; deine Fruchtbarkeit, damit ich in dir und der lieben Gottesmutter recht fruchtbar werde für unser gemeinsames Werk. Dann bin ich überreich genug und ich will nichts anderes mehr.«[15]

5. Das Zeugnis der christlichen Familie

Manchmal bekundet sich Gott dramatisch als entscheidender Bezug für einen Menschen; gelegentlich ist die Auslieferung an Gott nach außen hin greifbar, hat sie ganz einschneidende Folgen. Doch das gerade zitierte Gebet P. Kentenichs weist uns darauf hin, daß der Bereitschaft zum Eintritt in ein Konzentrationslager – wirklich ein Kopfsprung in das Dunkel des Glaubens – eine lange Trainingsphase vorausgeht. Schritt für Schritt hat Gott selbst den heroischen Akt vorbereitet; Gott selbst ist der Pädagoge, der den Glauben des Lernwilligen langsam zur Reife führt.

Das lassen u. a. auch Mauro und Gigliola Macari erkennen. Sie gehören zur *Gemeinschaft des Neukatechumenats* – einer kirchlichen Erneuerungsbewegung, die gegen Ende des 2. Vatikanischen Konzils in den Slums von Madrid bei Zigeunern ihren Anfang nahm und heute gegen 450 000 Anhänger in aller Welt zählt.

Mauro und Gigliola stammen aus der Pfarrei »Pius X.« in Bozen, Südtirol. Sie haben sich entschieden, zusammen mit ihren 5 Kindern als Missionare nach Nordeuropa aufzubrechen. Familien in Mission? Wie kam es dazu? »Europa, erkenne dich selbst! Erkenne deine Seele.« Dieses Wort richtete Papst Johannes Paul II. im Oktober 1985 an die Konferenz der europäischen Bischöfe in Rom.

Die Gemeinschaften des Neukatechumenats fragten sich, wie sie sich dem Appell stellen könnten. In mehr als 200 Familien wuchs die Bereitschaft, den Ruf des Papstes anzunehmen, Land und gesicherte Existenz aufzugeben und an der Front des Säkularismus das Apostolat zur Lebensaufgabe zu machen. Die Hälfte von ihnen konnte diese Bereitschaft inzwischen in die Tat umsetzen.

Schon seit Jahrhunderten hatten es katholische Familien nicht mehr unternommen, sich direkt in den Dienst der Evangelisierung zu stellen. Man muß schon auf den Patron Europas, den Mönchsvater Benedikt, zurückgehen, will man in der kirchlichen Vergangenheit vergleichbare Missionsmethoden finden: Auch zur Zeit des hl. Benedikt wurden ganze Gruppen von Familien in Missionsgebiete umgesiedelt.

Heute, da die Familie in einer tiefen Krise lebt, kann die Verkündigung des Evangeliums durch das Zeugnis der christlichen Familie als besonders angezeigt gelten.

Mauro und Gigliola sind 30 bzw. 28 Jahre alt. Ihr jüngster Sohn wurde vor etwa einem Jahr geboren. Seit 15 Jahren nehmen sie in ihrer Gemeinde am Leben der Neukatechumenalen Gemeinschaft teil. Ein Jahr nach dem Aufruf des Papstes zeigten sie den Verantwortlichen ihrer Gemeinschaft ihre Bereitschaft an. Sie sind überzeugt, daß diesen Plänen nicht ihre Wahl, sondern der Ruf Gottes zugrunde liegt. Mauro stellt fest: »Auf unserm Glaubensweg, den wir in diesen Jahren zusammen mit unserem Pfarrer und all den andern Brüdern und Schwestern gegangen sind, konnten wir Gottes Gegenwart oft genug mit Händen greifen. Die Ereignisse, die uns Tag für Tag begegneten, sagten uns immer unmißverständlicher, daß der Herr uns rief; wir sollten unser Leben ihm ganz zur Verfügung stellen, um Jesus Christus, der allein dem Leben des Menschen Sinn geben kann, zu den Abständigen zu bringen. Gott hat wirklich in diesen Jahren für unser Leben vorgesorgt. Wir haben ihn erfahren vor allem in unseren Kindern, die er uns geschenkt hat.«

Natürlich spielen diese Kinder auch bei der Mission eine wichtige Rolle: »Die Kinder sind ein Geschenk Gottes. Wir wollen ihnen vor allem den Glauben weitergeben. Diese Sendung, zu der auch sie ganz persönlich gerufen sind, hilft uns dabei in hervorragender Weise.

Es liegt auf der Hand, daß – für uns wie für sie – Schwierigkeiten, Probleme und auch Schmerzen nicht ausbleiben. Aber der Herr wird uns allen beistehen – wie er es schon bei anderen Gelegenheiten getan hat; er wird uns Zuschauer sein lassen, wenn er seine Wunder wirkt.«

Bestimmte Vorstellungen und Pläne für die Durchführung der Mission hat die Familie Macari bislang nicht: »Wir wissen nur, daß uns der Herr den Weg bereitet; wir werden keine Langeweile haben. Vor allem aber trägt uns der Wunsch, Christus in allen Leidenden zu begegnen, in den sogenannten Abständigen, in denen halt, die Gott als die verlorenen Schafe in seine Herde zurücktragen möchte.«

6. Suche nach Gott

Vielleicht ist der Leser inzwischen unwillig geworden und hat sich gefragt, was diese Geschichten denn mit ihm zu tun haben. »So hehre Beispiele, so unerreichbare Vorbilder; so viel Weihrauch macht mich schwindlig. Das ist nicht anziehend, sondern eher frustrierend. Ich lebe in einer anderen Situation und Zeit; ich habe konkrete Aufgaben und praktische Pflichten. Was sollen diese geistigen Spaziergänge in ein Land der ›Helden und Heiligen‹?«

Diese Reaktion wäre verständlich. Und dennoch bin ich davon überzeugt, daß unsere Überlegungen ihren Sinn hatten; sie waren weder

Luxus noch Zeitverschwendung. Einmal konnten sie vor Augen führen, daß Gott nicht eine bloße Theorie sein muß; er kann dem Menschen die bestimmende Wirklichkeit werden, der entscheidende Faktor seines Lebens.

Zum anderen stoßen sie uns auf die Grundfrage unseres eigenen Lebens: gibt es nicht auch in unserem Leben den roten Faden, der auf Gott verweist – vielleicht weniger leuchtend, doch bislang deshalb noch nicht entdeckt, weil wir uns nicht daran gemacht haben, ihn zu suchen? Ist Gott uns wirklich nie begegnet – als Licht in der Entscheidung, als Hilfe in der Not? Es braucht nicht besonders eindrucksvoll zu sein. Unter Umständen kann ich es auch andern gar nicht verdeutlichen; es würde belanglos erscheinen. Aber für mich, den Betroffenen, hat es einen tiefen Sinn. Eine solche Begegnung kann mich sicher machen: Dieser Gott, von dem die andern reden, ist auch mein Gott. Ich bin auf seinen Geschmack gekommen.

Selbstverständlich hat man uns immer aufgefordert, die Ereignisse unseres Lebens »natürlich« zu erklären. Alle Dinge haben ihren Daseinsweg: werden – existieren – vergehen. Das bewirken die Gesetze der Natur. Wozu braucht man Gott? Wir erkennen Umstände, Vorgegebenheiten, Notwendigkeiten – aber Gott?

Doch halt! Woher nehmen wir das Recht, Gott auszuschalten, wenn uns etwas durch innerweltliche Gesetzmäßigkeit zufällt? Ist es Zufall, daß wir diese Eltern haben? Daß wir an diesem Ort und zu dieser Zeit geboren wurden? Daß wir unter gerade diesen Umständen aufgewachsen sind? War es blindes Schicksal, daß wir diesen Menschen begegnet sind; daß sie eintraten in unseren Lebenskreis, uns Freundschaft schenkten und Liebe? Unsere Talente und Schwächen, unsere Bildung und unser Beruf – all das Zufall – so wie ein Blatt am Baum entsteht, grünt, trocknet, abfällt und zertreten wird?

Für viele von uns verlief das Leben ganz entsetzlich normal; wir hatten kein Damaskuserlebnis wie Paulus; wir hörten nicht im Garten eine Stimme wie Augustinus, die uns aufforderte: »Nimm und lies« und uns so Gottes Interesse für uns bekundete. Das alles mag richtig sein. Und dennoch gilt, was ein deutscher Kardinal einmal knapp formulierte: »Zufall – den gibt es nur bei der Kellertür«.

Oder – so mag man sich fragen – ist die Rede von Gott doch nur eine »Flucht nach vorn«, um von innerkirchlichen Spannungen abzulenken; ein geschickter Schachzug, um den Fragen auszuweichen, die zu innerkirchlicher Reibung und Energieverlust führen?

Natürlich ist mir der Slogan geläufig: »Glaube ja – Kirche nein«. Mir ist auch bewußt, daß Papst Johannes XXIII. nicht ohne Grund ein Konzil einberufen hat: Er wollte die Kirche einladender, schöner, anziehender machen. Demnach muß uns gleichfalls das Bild der Kirche interessieren. Und die Beschäftigung mit den Repräsentanten der Kirche, mit ihrer Ordnung, und das Nachdenken über kirchliche Entscheidungsgremien, neue Dienststrukturen oder bessere Kommunikationsformen ist keineswegs Teufelswerk. Die »Kölner Wirren 1989« sind der beste Beweis dafür, daß Probleme auf dem Tisch liegen.

Aber wichtiger als ein Schlagabtausch über Laienquerelen schiene mir ein Grundimpuls für unser Leben als Christen, der Wesentlicheres will. Gerade für die Pastoral trifft ja zu, daß es noch nicht ausreicht, sich berechtigtes Gutes vorzunehmen; wenn irgendwo, dann gilt hier, daß nur das Bessere sein Recht hat: das Bessere als der Feind des Guten. Anders gesagt: die Gottesfrage hat einen Grad von Dramatik erreicht, der ihre vorrangige Behandlung unabwendbar macht. Und auch ein Ja zur Kirche wird nur von einer größeren Gewißheit der Einbergung in Gott her möglich: von der Überzeugung eines auch in unserer Geschichte machtvoll handelnden Vaters.

Wenn ich noch gezögert hätte, an dieser Stelle so unverschlüsselt von Gott zu sprechen, wäre mir ein Zeitungsartikel zum Anstoß geworden: Anfang März 1990 veröffentlichte die »Frankfurter Allgemeine Zeitung« einen Artikel, der kritisch über eine kirchliche Veranstaltung auf Bundesebene berichtete. Die kirchlichen Repräsentanten machten in ihm nicht eben eine gute Figur. Ihre Beiträge schienen stark verunsichert vom schlechten Ruf der Kirche in der Öffentlichkeit. Sie waren zaghaft, wenn sie Ansprüche stellen sollten; sie vertraten eher das Genehme und Annehmliche; manchmal erweckten sie den Eindruck von Leisetreten oder Opportunismus. Und sie relativierten so nicht nur ihre eigene Sendung, sondern leider auch die Sache Gottes.

»Wie dehnbar ist Ihre Botschaft?«, fragte man sie. Der Korrespondent berichtete: »Keiner der Geistlichen erklärte, daß die christliche Botschaft nicht unendlich dehnbar ist, daß es einen Kern gibt, an dem sich die Geister scheiden, so poppig er auch verpackt werden mag.« Ohne es zu bemerken, gaben sie »einem Kirchenverständnis den Segen, das dem Geistlichen einen Auftritt am Anfang und am Ende des Lebens gönnt, vielleicht einen noch bei der Hochzeit und einen bei (der Fernsehsendung) ›Wetten, daß . . .‹.«

»Wer geglaubt hatte«, fährt der Journalist fort, »die Wette des Gläubigen sei die Wette Pascals, bei der das endliche Leben aufs Spiel gesetzt wird zugunsten der Ewigkeit, hatte im Religionsunterricht wohl schlecht aufgepaßt.«[16] Blaise Pascals Wette erinnert uns an den Rang der Frage nach Gott: unser irdisches Leben wagen, »um die Unendlichkeit eines unendlich glücklichen Lebens zu gewinnen« – wie Pascal schreibt. Dieser Ewigkeit wegen müssen wir von Gott reden, mag auch dieses Thema unser Interesse möglicherweise weniger beschäftigen als kirchliche Kompetenzprobleme.

7. Leben aus der Kraft des Heiligen Geistes

So entschieden ist die Wende zum Humanismus, daß sich zunehmend auch in der Kirche die Dinge umzukehren scheinen: Gott wird nur noch des Menschen wegen genannt; Ewiges steht im Dienst des Augenblicks. Wenn schon Verkündigung – dann bitte zur Förderung der sozialen Gerechtigkeit; wenn schon Frömmigkeit – dann bitte zur Verbesserung der Lebensqualität; wenn schon Gott – dann bitte als Mittel für das Glück des Menschen. Weltverbesserer haben die »Schaumstoffgesellschaft« proklamiert: alles muß in Watte gepackt werden, damit niemand blaue Flecken bekommen kann. Gewiß, das Leben ist kein Kinderspiel. Und die, die gleichsam zerbrechen am Leid der Kreatur, verdienen unsere Achtung. Doch so nachdrücklich uns das Gebot der Nächstenliebe auch aufgetragen ist: Philanthropie macht eher wehleidig und nährt häufig menschliche Selbstsucht. Und all die verzweifelten Versuche, daß Erziehung und Kultur endlich den edlen, hilfreichen und guten Menschen hervorbrächten! Sitzen die Propheten einer neuen Menschheit nie vor dem Fernsehapparat! Schon die Nachrichten eines Tages beweisen doch, daß moralische Appelle gewiß wohlfeil, aber hoffnungslos ohnmächtig sind. Ist das Kreuz einfach ein Ärgernis; wer es predigt, gar ein brutaler Menschenverächter? Wohin mit der Sünde; kann der Mensch sich aus eigener Kraft von ihr befreien? Die wenigstens tausend bis heute gescheiterten Konstruktionsversuche des Menschen nach dem Bild des Menschen beweisen jedenfalls, daß das Böse unausrottbar und das Paradies auf Erden eine Illusion ist. Heil kommt vom Erlöser – hier und auf Dauer. Gefragt ist Heiligkeit aus der Kraft des Heiligen Geistes.
Und Jesus hat den Erlösungsweg mit seinem Gang nach Golgota ein für allemal vorgezeichnet: nicht den des Selbstschutzes und jeder Flucht vor dem Kreuz, nicht den selbstfabrizierten bürgerlichen Glücks, mit dem uns Ichsucht immer wieder lockt – sondern den Weg der Auslieferung, die unsere eigene Haut kostet.
Und eben dieser Weg eröffnet dann sogar dem Glaubenden die Chance,

Gott in seiner Nähe zu wissen und Gottes sicherer zu werden. 1954 veröffentlichte Karl Rahner einen kleinen Aufsatz »Über die Erfahrung der Gnade«. Er kann nach wie vor als Meisterwerk der Glaubensführung gelten: ein Versuch im Sinn des ignatianischen Exerzitienbuches, die geistliche Bewegung im Innern des Menschen als Anstoß des Heiligen Geistes zu verstehen. Rahner reagiert damit auf die Gottesferne des heutigen Menschen. Aber nicht Philanthropie und Protest gegen jede Form von Härte und Unbill weisen ihm den Weg, sondern gerade das Gegenteil: die Bereitschaft zu Selbstverzicht und Hingabe. Er fragt: »Haben wir schon einmal geschwiegen, obwohl wir uns verteidigen wollten, obwohl wir ungerecht behandelt wurden? ... Haben wir schon einmal gehorcht, nicht weil wir mußten und sonst Unannehmlichkeiten gehabt hätten, sondern bloß wegen jenes Geheimnisvollen, Schweigenden, Unfaßbaren, das wir Gott und seinen Willen nennen? Haben wir schon einmal geopfert, ohne Dank, Anerkennung, selbst ohne das Gefühl einer inneren Befriedigung? ... Haben wir schon einmal versucht, Gott zu lieben, dort, wo keine Welle einer gefühlvollen Begeisterung einen mehr trägt, wo man sich und seinen Lebensdrang nicht mehr mit Gott verwechseln kann, dort, wo man meint zu sterben an solcher Liebe, wo sie erscheint wie der Tod und die absolute Verneinung, dort, wo man scheinbar ins Leere und gänzlich Unerhörte zu rufen scheint, dort, wo es wie ein entsetzlicher Sprung ins Bodenlose aussieht, dort, wo alles unbegreifbar und scheinbar sinnlos zu werden scheint? ...

Waren wir einmal gut zu einem Menschen, von dem kein Echo der Dankbarkeit und des Verständnisses zurückkommt, und wir auch nicht durch das Gefühl belohnt werden, ›selbstlos‹, anständig usw. gewesen zu sein?

Suchen wir selbst in solcher Erfahrung unseres Lebens, suchen wir die eigenen Erfahrungen, in denen gerade uns so etwas passiert ist. Wenn wir solche finden, haben wir die Erfahrung des Geistes gemacht, die wir meinen. Die Erfahrung der Ewigkeit, die Erfahrung, daß der Geist mehr ist als ein Stück dieser zeitlichen Welt, die Erfahrung, daß der Sinn des Menschen nicht im Sinn und Glück dieser Welt aufgeht, die Erfahrung des Wagnisses und des abspringenden Vertrauens, das eigentlich keine ausweisbare, dem Erfolg dieser Welt entnommene Begründung mehr hat.«[17]

Solche Weisung ist nicht Menschenverachtung oder Sadismus. Hier wird der Weg eines geistlichen Realismus aufgezeigt: wer diesen Weg geht, der wird schon hier auf Erden mit einer tiefen Erfahrung der

Nähe Gottes beschenkt und so immunisiert für den Kampf mit einer
säkularistischen Umwelt.

Anmerkungen

1 H. *Seiler*, Versuch einer Deutung des heutigen Verhältnisses von Glaube und
  Unglaube in skandinavischer Sicht – eine Skizze, in: Katholische Weltunion der
  Presse (Hrsg.), Die Verantwortung katholischer Journalisten für Kirche und
  Europa, Freiburg/Schweiz 1987, S. 67–74.
2 Christifideles Laici vom 30. 12. 1988, Nr. 4.
3 W. *Kasper*, Der Gott Jesu Christi, Mainz 1982, S. 18.
4 H. U. *von Balthasar*, Theodramatik III. Die Handlung, Einsiedeln 1980, S. 429–432.
5 K. *Rahner*, Von der Not und dem Segen des Gebetes, Freiburg 1958, S. 45 f.
6 Vgl. P. J. *Cordes*, Mitten in unserer Welt. Kräfte geistiger Erneuerung, Freiburg
  1987, S. 13–41.
7 Dominum et vivificantem vom 18. 5. 1986, Nr. 65.
8 Zitiert in W. *Schäfer*, Erneuerter Glaube – Verwirklichtes Menschsein, Zürich –
  Einsiedeln – Köln 1983, S. 196 f.
9 *Meister Eckehart*, in: Deutsche Predigten und Traktate, hrsg. und übersetzt von
  J. *Quint*, München 1955, S. 29 f.
10 Ebd., S. 60.
11 Ebd., S. 59.
12 Ebd., S. 60 f.
13 Vgl. E. *Monnerjahn*, Häftling Nr. 29 392, Vallendar-Schönstatt 1972, S. 16.
14 Ebd., S. 93–96.
15 *Ders.*, Pater Josef Kentenich, Ein Leben für die Kirche, Vallendar-Schönstatt
   1975, S. 195 f.
16 P. *Bahners*, Frohe Kunde – Gott und Gottschalk, in: Frankfurter Allgemeine
   Zeitung vom 2. März 1990.
17 K. *Rahner*, Schriften zur Theologie III, Einsiedeln ²1957, S. 105–109, hier S. 106.

Weiterführende Literatur

Baadte, Günter / Anton Rauscher (Hrsg.), Neue Religiosität und säkulare Kultur, Graz / Wien / Köln 1988.

Bürkle, Horst (Hrsg.), New Age. Kritische Anfragen an eine verlockende Bewegung, Düsseldorf ²1989.

Gasper, Hans / Joachim Müller / Friederike Valentin (Hrsg.), Lexikon der Sekten, Sondergruppen und Weltanschauungen, Freiburg u. a. 1990.

Greive, Wolfgang / Raul Niemann (Hrsg.), Neu glauben? Religionsvielfalt und neue religiöse Strömungen als Herausforderung an das Christentum, Gütersloh 1990.

Gruber, Elmar, Sanfte Verschwörung oder sanfte Verblödung? Kontroversen um New Age, Freiburg 1989.

Gruber, Elmar / Susan Fassberg, New Age-Wörterbuch, Freiburg ²1988.

Grün, Joachim Friedrich, Die Fische und der Wassermann. Hoffnungen zwischen Kirche und New Age, Gütersloh 1988.

Haberer, Erwin, Herausforderung New Age. Zur christlichen Auseinandersetzung mit neuem Denken, München 1989.

Hemminger, Hansjörg (Hrsg.), Die Rückkehr der Zauberer. New Age – Eine Kritik, Reinbek bei Hamburg 1987.

Janzen, Wolfram, Okkultismus. Erscheinungen – Übersinnliche Kräfte – Spiritismus, Mainz / Stuttgart ²1989.

Kehl, Medard, New Age oder Neuer Bund? Christen im Gespräch mit Wendezeit, Esoterik und Okkultismus, Mainz ³1989.

Koch, Kurt, New Age – Eine vitale Herausforderung an das Christentum, Fribourg 1989.

Konitzer, Martin, New Age. Über das Alte im neuen Zeitalter, Hamburg 1989.

Ruppert, Hans-Jürgen, New Age. Endzeit oder Wendezeit? Wiesbaden ⁶1988.

Ruppert, Hans-Jürgen, Durchbruch zur Innenwelt, Stuttgart 1988.

Schorsch, Christof, Die New Age-Bewegung. Utopie und Mythos der Neuen Zeit. Eine kritische Auseinandersetzung, Gütersloh ³1989.

Schulze-Berndt, Hermann, New Age und Christentum? Informationen und Orientierungshilfen zu einer neuen religiösen Strömung, Nettetal 1989.

Sudbrack, Josef, Neue Religiosität. Herausforderung für die Christen, Mainz ³1988.

Sudbrack, Josef, Die vergessene Mystik und die Herausforderung des Christentums durch New Age, Würzburg 1988.

Zahrnt, Heinz, Gotteswende. Christsein zwischen Atheismus und Neuer Religiosität, München 1989.

Autorenverzeichnis

Christoph Bochinger, Mag. theol., geboren 1959 in Ludwigsburg. Assistent am Lehrstuhl für Religionswissenschaft der Universität München.

Horst Bürkle, Prof. Dr. theol., geboren 1925 in Niederweisel. Ordinarius für Religionswissenschaft am Institut für Philosophie der Universität München.

Paul Josef Cordes, Titularbischof, geboren 1947 in Kirchhundem. Vizepräsident des »Päpstlichen Rates für die Laien« in Rom.

Friedrich-Wilhelm Haack, ev. Pfarrer, geboren 1935 in Grünberg/Schlesien. Beauftragter für Sekten- und Weltanschauungsfragen im Landeskirchenamt der Ev.-Luth. Kirche in Bayern/München.

Burkhard Haneke, M. A., geboren 1956 in Düsseldorf. Assistent am Institut für Politikwissenschaft der Universität Regensburg.

Rupert Hofmann, Prof. Dr. phil., geboren 1937 in Mannheim. Ordinarius für Politische Wissenschaft an der Universität Regensburg.

Reinhart Hummel, Dr. theol. habil., geboren 1930 in Halle/Saale. Leiter der Evangelischen Zentralstelle für Weltanschauungsfragen in Stuttgart.

Karltheodor Huttner, Dipl. theol., geboren 1946 in Würzburg. Referent bei der Hanns-Seidel-Stiftung in München.

Gottfried Küenzlen, Dr. rer. pol., geboren 1945 in Calw. Wissenschaftlicher Referent der Evangelischen Zentralstelle für Weltanschauungsfragen in Stuttgart.

Nikolaus Lobkowicz, Prof. Dr. phil., geboren 1931 in Prag. Präsident der Katholischen Universität Eichstätt.

Gerda Riedl, geboren 1961 in Augsburg, Studium der Theologie, klass. Philologie und Germanistik in München, Doktorandin am Lehrstuhl für Dogmatik der Universität Augsburg.

Josef Sudbrack, Prof. Dr. theol., geboren 1925 in Trier. Direktor des Instituts für Moraltheologie und Gesellschaftslehre der Universität Innsbruck.